Ivan Koesjnir

I0481038

Economie van Kosovo

Serie "Economie in landen"

eerst gepubliceerd: 2021
laatst bijgewerkt: 2021-02-02

Ivan Koesjnir. Economie van Kosovo. Serie "Economie in landen". - 2021. - 53 pages.

Dit boek over de economie van Kosovo van de jaren 1990 tot de jaren 2010. Brongegevens uit UN Data.

Grootte. In de jaren 2010 was het bruto binnenlands product van Kosovo gelijk aan US$7,0 miljard per jaar; de waarde van de landbouw was US$737,6 miljoen; de waarde van de industrie was US$1,2 miljard. Aangezien het aandeel in de wereld minder dan 0,01% bedraagt, wordt het land geclassificeerd als een zeer kleine economie.

Productiviteit. In de jaren 2010 bedroeg het bruto binnenlands product per hoofd van de bevolking $3.961,8, de waarde van de landbouw per hoofd $418,8, de waarde van de industrie per hoofd $674,7. Omdat de productiviteit tussen het gemiddelde van onder het gemiddelde en het gemiddelde ligt, wordt de economie geclassificeerd als in ontwikkeling.

Groei. In de jaren 2010 bedroeg de groei van het bruto binnenlands product 3,6%; de groei van de landbouw was -0,71%; de groei van de industrie was 4,3%.

Structuur. In de jaren 2010 omvatte de economie van Kosovo: diensten (34,5%), industrie (20,8%), handel (16,3%), landbouw (12,9%), bouw (8,9%) en transport (6,5%).

Uitvoer en invoer. In de jaren 2010 was de invoer 2,2 keer hoger dan de uitvoer, de netto-invoer was gelijk aan 29,3% van het BBP.

Consumptie en reproductie. De houding van reproductie ten opzichte van de consumptie is beter dan het mondiale gemiddelde, dus het aandeel van het BBP in de wereld zal toenemen.

Serie "Economie in landen": parallel.page.link/nl

ISBN: 9798702639192

Inhoud

Part I. Grootte

	de jaren 2010
BBP	US$7,0 miljard
Het aandeel in de wereld	0,0090%
Het aandeel in Europa	0,033%
Het aandeel in Zuid-Europa	0,17%

Hoofdstuk I. Bruto binnenlands product

Het BBP van Kosovo steeg van US$3,3 miljard per jaar in de jaren 1990 tot US$7,0 miljard per jaar in de jaren 2010, dat wil zeggen met US$3,7 miljard of 2,1 keer. De verandering vond plaats op US$2,4 miljard als gevolg van een 1,5-voudige stijging van de prijzen, en ook op US$1,8 miljard als gevolg van een 1,6-voudige toename van de productiviteit , evenals op -US$526,6 miljoen als gevolg van de afname van de bevolking. De gemiddelde jaarlijkse groei van het BBP is 0,12%. De minimumwaarde van het BBP bedroeg US$1,7 miljard in 2000. De maximumwaarde van het bruto binnenlands product bedroeg US$8,0 miljard in 2019.

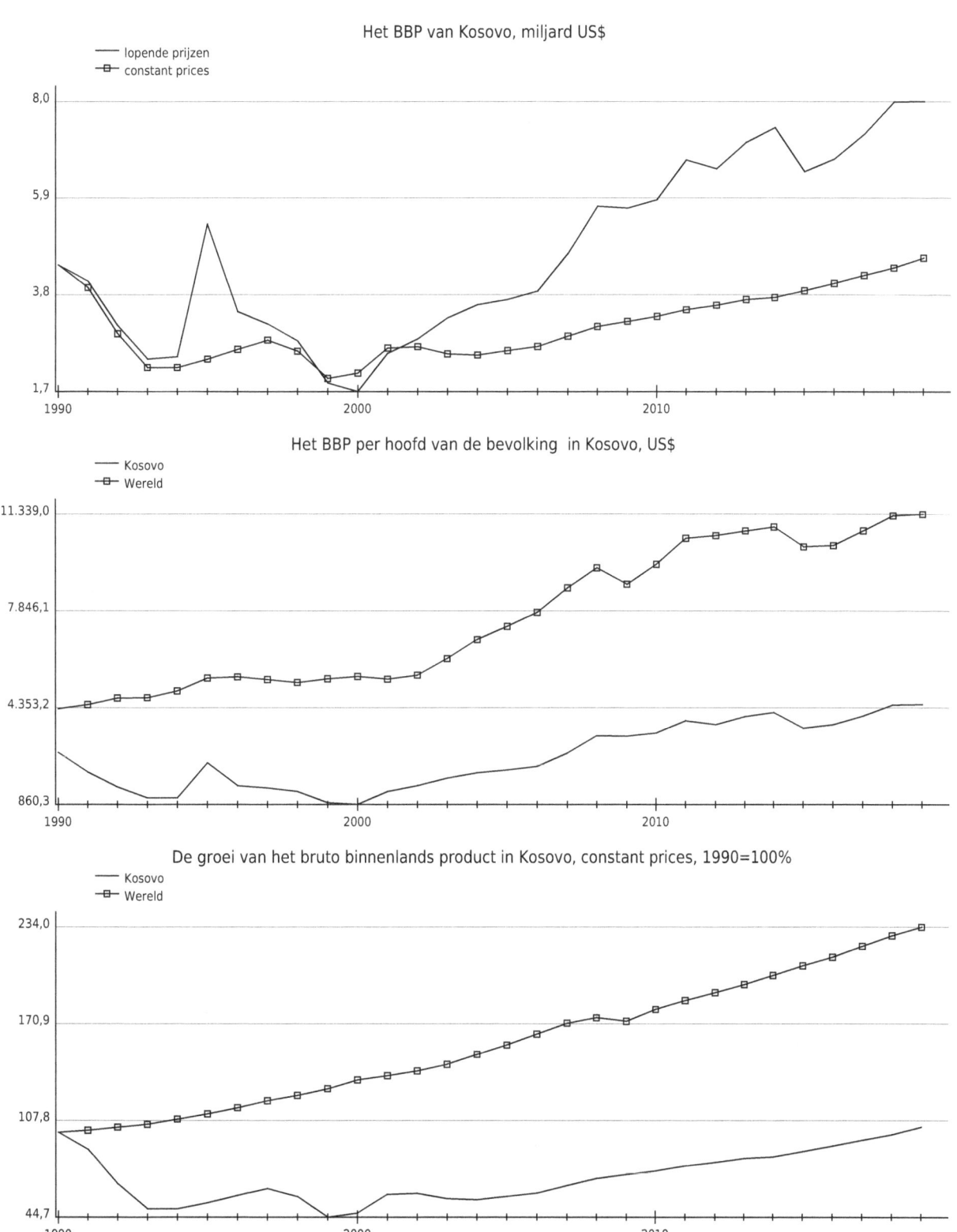

Het BBP van Kosovo, miljard US$

Het BBP per hoofd van de bevolking in Kosovo, US$

De groei van het bruto binnenlands product in Kosovo, constant prices, 1990=100%

de jaren 1990

Het BBP van Kosovo bedroeg in de jaren 1990 US$3,3 miljard per jaar, stond op de 131e plaats in de wereld. Het aandeel in de wereld was 0,012%, en 0,034% in Europa.

Het BBP van Kosovo bestond uit: huishoudelijke uitgaven (92,0%), overheidsuitgaven (31,6%) en kapitaalvorming (26,6%).

Het bruto binnenlands product per hoofd in Kosovo was $1.574,8 in de jaren 1990s, stond op de 116e plaats in de wereld, en was vergelijkbaar met Bulgarije (US$1.569,2). Het BBP per hoofd in Kosovo was in 3,2 keer lager dan het bruto binnenlands product per hoofd van de bevolking in de wereld ($5.020,1), en was in 8,6 keer lager dan het bruto binnenlands product per hoofd van de bevolking in Europa ($5.020,1).

De groei van het BBP in Kosovo bedroeg -8.5% in de jaren 1990, stond op de 203e plaats in de wereld, en was vergelijkbaar met Montserrat (-8,5%). De groei van het bruto binnenlands product in Kosovo (-8,5%) was minder dan de groei van het bruto binnenlands product in de wereld (2,8%), was minder dan de groei van het bruto binnenlands product in Europa (1,4%).

Vergelijking met buren. Het BBP van Kosovo was groter dan in Albanië (US$2,2 miljard) en in Montenegro (US$1,2 miljard); maar minder dan in Servië (US$24,5 miljard) en in Noord-Macedonië (US$3,6 miljard). Het bruto binnenlands product per hoofd in Kosovo was groter dan in Albanië (US$707,7); maar minder dan in Servië (US$2,6 duizend), in Montenegro (US$1.890,8) en in Noord-Macedonië (US$1.803,2). De groei van het BBP in Kosovo was minder dan in Albanië (-0,34%), in Noord-Macedonië (-0,63%), in Montenegro (-4,6%) en in Servië (-7,2%).

Vergelijking met leiders. Het bruto binnenlands product van Kosovo was minder dan in de Verenigde Staten (US$7,6 biljoen), in Japan (US$4,3 biljoen), in Duitsland (US$2,2 biljoen), in Frankrijk (US$1,4 biljoen) en in het Verenigd Koninkrijk (US$1,3 biljoen). Het bruto binnenlands product per hoofd in Kosovo was minder dan in Japan (US$34,3 duizend), in de Verenigde Staten (US$28,7 duizend), in Duitsland (US$27,0 duizend), in Frankrijk (US$24,1 duizend) en in het Verenigd Koninkrijk (US$22,9 duizend). De groei van het BBP in Kosovo was minder dan in de Verenigde Staten (3,2%), in het Verenigd Koninkrijk (2,3%), in Duitsland (2,2%), in Frankrijk (2,0%) en in Japan (1,5%).

de jaren 2000

Het bruto binnenlands product van Kosovo bedroeg in de jaren 2000 US$3,7 miljard per jaar, stond op de 153e plaats in de wereld, en was vergelijkbaar met Moldavië (US$3,8 miljard), de Kaaimaneilanden (US$3,8 miljard). Het aandeel in de wereld was 0,0080%, en 0,024% in Europa.

Het BBP van Kosovo bestond uit: huishoudelijke uitgaven (86,8%), kapitaalvorming (27,9%) en overheidsuitgaven (21,9%).

Het bruto binnenlands product per hoofd in Kosovo was $2.087,2 in de jaren 2000s, stond op de 133e plaats in de wereld, en was vergelijkbaar met Melanesië (US$2,1 duizend), Marokko (US$2,1 duizend), Guatemala (US$2,1 duizend). Het bruto binnenlands product per hoofd in Kosovo was in 3,4 keer lager dan het bruto binnenlands product per hoofd van de bevolking in de wereld ($7.176,3), en was in 10,1 keer lager dan het bruto binnenlands product per hoofd van de bevolking in Europa ($7.176,3).

De groei van het bruto binnenlands product in Kosovo bedroeg 4.9% in de jaren 2000, stond op de 60e plaats in de wereld, en was vergelijkbaar met Roemenië (4,9%), de Verenigde Arabische Emiraten (4,9%), Egypte (5,0%). De groei van het bruto binnenlands product in Kosovo (4,9%) was groter dan de groei van het bruto binnenlands product in de wereld (3,0%), was groter dan de groei van het bruto binnenlands product in Europa (1,8%).

Vergelijking met buren. Het bruto binnenlands product van Kosovo was groter dan in Montenegro (US$2,5 miljard); maar minder dan in Servië (US$28,9 miljard), in Albanië (US$7,7 miljard) en in Noord-Macedonië (US$6,3 miljard). Het BBP per hoofd in Kosovo was minder dan in Montenegro (US$4,0 duizend), in Servië (US$3,9 duizend), in Noord-Macedonië (US$3,1 duizend) en in Albanië (US$2,5 duizend). De groei van het BBP in Kosovo was groter dan in Montenegro (4,4%) en in Noord-Macedonië (3,1%); maar minder dan in Albanië (5,9%) en in Servië (5,2%).

Vergelijking met leiders. Het bruto binnenlands product van Kosovo was minder dan in de Verenigde Staten (US$12,6 biljoen), in Japan (US$4,7 biljoen), in Duitsland (US$2,8 biljoen), in China (US$2,6 biljoen) en in het Verenigd Koninkrijk (US$2,3 biljoen). Het BBP per hoofd in Kosovo was groter dan in China (US$1.954,1); maar minder dan in de Verenigde Staten (US$42,8 duizend), in het Verenigd Koninkrijk (US$38,4 duizend), in Japan (US$36,4 duizend) en in Duitsland (US$34,0 duizend). De groei van het BBP in Kosovo was groter dan in de Verenigde Staten (1,9%), in het Verenigd Koninkrijk (1,7%), in Duitsland (0,73%) en in Japan (0,50%); maar minder dan in China (10,3%).

de jaren 2010

Het BBP van Kosovo bedroeg in de jaren 2010 US$7,0 miljard per jaar, stond op de 152e plaats in de wereld, en was vergelijkbaar met Kirgizië (US$7,0 miljard). Het aandeel in de wereld was 0,0090%, en 0,033% in Europa.

Het BBP van Kosovo bestond uit: huishoudelijke uitgaven (84,9%), kapitaalvorming (29,1%) en overheidsuitgaven (15,3%).

Het bruto binnenlands product per hoofd in Kosovo was $3.961,8 in de jaren 2010s, stond op de 130e plaats in de wereld, en was vergelijkbaar met Georgië (US$4,0 duizend), Mongolië (US$3,9 duizend), Tunesië (US$3,9 duizend). Het BBP per hoofd in Kosovo was in 2,7 keer lager dan het bruto binnenlands product per hoofd van de bevolking in de wereld ($10.603,1), en was in 7,1 keer lager dan het bruto binnenlands product per hoofd van de bevolking in Europa ($10.603,1).

De groei van het BBP in Kosovo bedroeg 3.6% in de jaren 2010, stond op de 88e plaats in de wereld, en was vergelijkbaar met Thailand (3,6%), Nigeria (3,6%), Costa Rica (3,6%). De groei van het bruto binnenlands product in Kosovo (3,6%) was groter dan de groei van het BBP in de wereld (3,1%), was groter dan de groei van het bruto binnenlands product in Europa (1,6%).

Vergelijking met buren. Het bruto binnenlands product van Kosovo was 51,2% groter dan in Montenegro (US$4,6 miljard); maar 6,5 keer minder dan in Servië (US$45,6 miljard), 46,3% minder dan in Albanië (US$13,0 miljard) en 36,1% minder dan in Noord-Macedonië (US$10,9 miljard). Het BBP per hoofd in Kosovo was 46,2% minder dan in Montenegro (US$7,4 duizend), 38,2% minder dan in Servië (US$6,4 duizend), 24,6% minder dan in Noord-Macedonië (US$5,3 duizend) en 11,5% minder dan in Albanië (US$4,5 duizend). De groei van het bruto binnenlands product in Kosovo was groter dan in Montenegro (2,9%), in Albanië (2,6%), in Noord-Macedonië (2,6%) en in Servië (1,9%).

Vergelijking met leiders. Het BBP van Kosovo was 2.574,1 keer minder dan in de Verenigde Staten (US$18,0 biljoen), 1.505,6 keer minder dan in China (US$10,5 biljoen), 749,3 keer minder dan in Japan (US$5,2 biljoen), 524,8 keer minder dan in Duitsland (US$3,7 biljoen) en 396,5 keer minder dan in het Verenigd Koninkrijk (US$2,8 biljoen). Het bruto binnenlands product per hoofd in Kosovo was 14,2 keer minder dan in de Verenigde Staten (US$56,2 duizend), 11,3 keer minder dan in Duitsland (US$44,7 duizend), 10,6 keer minder dan in het Verenigd Koninkrijk (US$42,2 duizend), 10,3 keer minder dan in Japan (US$40,9 duizend) en 47,1% minder dan in China (US$7,5 duizend). De groei van het bruto binnenlands product in Kosovo was groter dan in de Verenigde Staten (2,3%), in Duitsland (1,9%), in het Verenigd Koninkrijk (1,8%) en in Japan (1,3%); maar minder dan in China (7,7%).

Hoofdstuk II. Toegevoegde waarde

De toegevoegde waarde van Kosovo steeg van US$2,7 miljard per jaar in de jaren 1990 tot US$5,7 miljard per jaar in de jaren 2010, dat wil zeggen met US$3,1 miljard of 2,2 keer. De verandering vond plaats op US$2,4 miljard als gevolg van een 1,7-voudige stijging van de prijzen, en ook op US$1,0 miljard als gevolg van een 1,5-voudige toename van de productiviteit , evenals op -US$423,2 miljoen als gevolg van de afname van de bevolking. De gemiddelde jaarlijkse groei van de toegevoegde waarde is -0,39%. De minimumwaarde van de toegevoegde waarde bedroeg US$1,4 miljard in 2000. De maximumwaarde van de toegevoegde waarde bedroeg US$6,4 miljard in 2019.

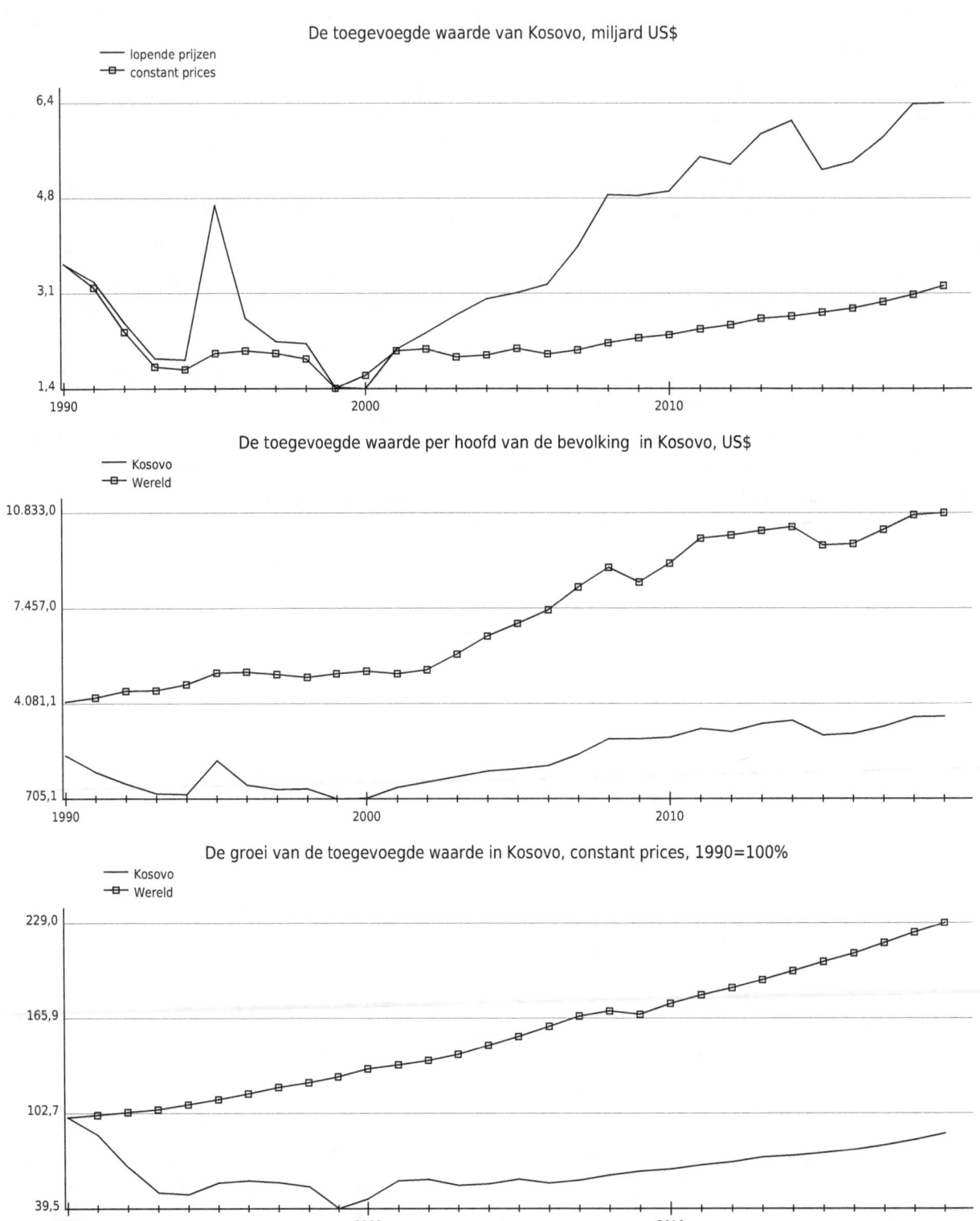

De toegevoegde waarde van Kosovo, miljard US$

De toegevoegde waarde per hoofd van de bevolking in Kosovo, US$

De groei van de toegevoegde waarde in Kosovo, constant prices, 1990=100%

de jaren 1990

De toegevoegde waarde van Kosovo bedroeg in de jaren 1990 US$2,7 miljard per jaar, stond op de 143e plaats in de wereld. Het aandeel in de wereld was 0,0097%, en 0,030% in Europa.

De totale toegevoegde waarde van Kosovo bestond uit: diensten (37,2%), industrie (21,0%), constructie (15,7%), handel (13,2%), landbouw (7,9%) en transport (5,0%).

De toegevoegde waarde per hoofd in Kosovo was $1.265,8 in de jaren 1990s, stond op de 124e plaats in de wereld, en was vergelijkbaar met Noord-Afrika (US$1.265,9). De toegevoegde waarde per hoofd in Kosovo was in 3,8 keer lager dan de toegevoegde waarde per hoofd van de bevolking in de wereld ($4.799,9), en was in 9,7 keer lager dan de toegevoegde waarde per hoofd van de bevolking in Europa ($4.799,9).

De groei van de toegevoegde waarde in Kosovo bedroeg -9.8% in de jaren 1990, stond op de 203e plaats in de wereld. De groei van de toegevoegde waarde in Kosovo (-9,8%) was minder dan de groei van de toegevoegde waarde in de wereld (2,7%), was minder dan de groei van de toegevoegde waarde in Europa (1,3%).

Vergelijking met buren. De toegevoegde waarde van Kosovo was groter dan in Albanië (US$2,2 miljard) en in Montenegro (US$1,1 miljard); maar minder dan in Servië (US$22,8 miljard) en in Noord-Macedonië (US$3,2 miljard). De toegevoegde waarde per hoofd in Kosovo was groter dan in Albanië (US$690,1); maar minder dan in Servië (US$2,4 duizend), in Montenegro (US$1.719,7) en in Noord-Macedonië (US$1.619,4). De groei van de toegevoegde waarde in Kosovo was minder dan in Noord-Macedonië (1,5%), in Albanië (-1,7%), in Montenegro (-4,7%) en in Servië (-7,3%).

Vergelijking met leiders. De toegevoegde waarde van Kosovo was minder dan in de Verenigde Staten (US$7,6 biljoen), in Japan (US$4,3 biljoen), in Duitsland (US$2,0 biljoen), in Frankrijk (US$1,3 biljoen) en in het Verenigd Koninkrijk (US$1,2 biljoen). De toegevoegde waarde per hoofd in Kosovo was minder dan in Japan (US$34,2 duizend), in de Verenigde Staten (US$28,6 duizend), in Duitsland (US$24,5 duizend), in Frankrijk (US$21,6 duizend) en in het Verenigd Koninkrijk (US$21,4 duizend). De groei van de toegevoegde waarde in Kosovo was minder dan in de Verenigde Staten (2,8%), in het Verenigd Koninkrijk (2,4%), in Duitsland (2,1%), in Frankrijk (1,8%) en in Japan (1,8%).

de jaren 2000

De toegevoegde waarde van Kosovo bedroeg in de jaren 2000 US$3,1 miljard per jaar, stond op de 153e plaats in de wereld. Het aandeel in de wereld was 0,0071%, en 0,023% in Europa.

De totale toegevoegde waarde van Kosovo bestond uit: diensten (41,7%), industrie (17,5%), landbouw (14,0%), handel (13,2%), constructie (9,3%) en transport (4,3%).

De toegevoegde waarde per hoofd in Kosovo was $1.756,3 in de jaren 2000s, stond op de 138e plaats in de wereld, en was vergelijkbaar met Congo-Brazzaville (US$1.743,5), Vanuatu (US$1.796,2), Armenië (US$1.715,8). De toegevoegde waarde per hoofd in Kosovo was in 3,9 keer lager dan de toegevoegde waarde per hoofd van de bevolking in de wereld ($6.818,0), en was in 10,8 keer lager dan de toegevoegde waarde per hoofd van de bevolking in Europa ($6.818,0).

De groei van de toegevoegde waarde in Kosovo bedroeg 5% in de jaren 2000, stond op de 52e plaats in de wereld, en was vergelijkbaar met Mongolië (4,9%), Sao Tomé en Principe (4,9%), Zuidoost-Azië (4,9%). De groei van de toegevoegde waarde in Kosovo (5,0%) was groter dan de groei van de toegevoegde waarde in de wereld (2,9%), was groter dan de groei van de toegevoegde waarde in Europa (1,7%).

Vergelijking met buren. De toegevoegde waarde van Kosovo was groter dan in Montenegro (US$2,1 miljard); maar minder dan in Servië (US$24,4 miljard), in Albanië (US$6,7 miljard) en in Noord-Macedonië (US$5,4 miljard). De toegevoegde waarde per hoofd in Kosovo was minder dan in Montenegro (US$3,3 duizend), in Servië (US$3,3 duizend), in Noord-Macedonië (US$2,6 duizend) en in Albanië (US$2,2 duizend). De groei van de toegevoegde waarde in Kosovo was groter dan in Albanië (4,7%), in Noord-Macedonië (2,5%) en in Montenegro (2,4%); maar minder dan in Servië (5,0%).

Vergelijking met leiders. De toegevoegde waarde van Kosovo was minder dan in de Verenigde Staten (US$12,6 biljoen), in Japan (US$4,7 biljoen), in China (US$2,6 biljoen), in Duitsland (US$2,5 biljoen) en in het Verenigd Koninkrijk (US$2,1 biljoen). De toegevoegde waarde per hoofd in Kosovo was minder dan in de Verenigde Staten (US$42,8 duizend), in Japan (US$36,4 duizend), in het Verenigd Koninkrijk (US$34,6 duizend), in Duitsland (US$30,7 duizend) en in China (US$1.954,1). De groei van de toegevoegde waarde in Kosovo was groter dan in de Verenigde Staten (1,7%), in het Verenigd Koninkrijk (1,7%), in Duitsland (0,65%) en in Japan (0,27%); maar minder dan in China (10,2%).

de jaren 2010

De toegevoegde waarde van Kosovo bedroeg in de jaren 2010 US$5,7 miljard per jaar, stond op de 157e plaats in de wereld, en was vergelijkbaar met Malawi (US$5,8 miljard). Het aandeel in de wereld was 0,0077%, en 0,030% in Europa.

De totale toegevoegde waarde van Kosovo bestond uit: diensten (34,5%), industrie (20,8%), handel (16,3%), landbouw (12,9%), bouw (8,9%) en transport (6,5%).

De toegevoegde waarde per hoofd in Kosovo was $3.240,6 in de jaren 2010s, stond op de 139e plaats in de wereld, en was vergelijkbaar met de Marshalleilanden (US$3,3 duizend), El Salvador (US$3,3 duizend). De toegevoegde waarde per hoofd in Kosovo was in 3,1 keer lager dan de toegevoegde waarde per hoofd van de bevolking in de wereld ($10.094,6), en was in 7,8 keer lager dan de toegevoegde waarde per hoofd van de bevolking in Europa ($10.094,6).

De groei van de toegevoegde waarde in Kosovo bedroeg 3.4% in de jaren 2010, stond op de 94e plaats in de wereld, en was vergelijkbaar met Egypte (3,4%), Mauritanië (3,4%), Bahrein (3,4%). De groei van de toegevoegde waarde in Kosovo (3,4%) was groter dan de groei van de toegevoegde waarde in de wereld (3,1%), was groter dan de groei van de toegevoegde waarde in Europa (1,6%).

Vergelijking met buren. De toegevoegde waarde van Kosovo was 50,1% groter dan in Montenegro (US$3,8 miljard); maar 6,7 keer minder dan in Servië (US$38,2 miljard), 49,6% minder dan in Albanië (US$11,3 miljard) en 39,8% minder dan in Noord-Macedonië (US$9,5 miljard). De toegevoegde waarde per hoofd in Kosovo was 46,6% minder dan in Montenegro (US$6,1 duizend), 39,5% minder dan in Servië (US$5,4 duizend), 28,9% minder dan in Noord-Macedonië (US$4,6 duizend) en 17,0% minder dan in Albanië (US$3,9 duizend). De groei van de toegevoegde waarde in Kosovo was groter dan in Montenegro (3,1%), in Noord-Macedonië (2,7%), in Albanië (2,6%) en in Servië (2,0%).

Vergelijking met leiders. De toegevoegde waarde van Kosovo was 3.147,0 keer minder dan in de Verenigde Staten (US$18,0 biljoen), 1.840,7 keer minder dan in China (US$10,5 biljoen), 911,3 keer minder dan in Japan (US$5,2 biljoen), 578,6 keer minder dan in Duitsland (US$3,3 biljoen) en 432,8 keer minder dan in het Verenigd Koninkrijk (US$2,5 biljoen). De toegevoegde waarde per hoofd in Kosovo was 17,3 keer minder dan in de Verenigde Staten (US$56,2 duizend), 12,5 keer minder dan in Japan (US$40,7 duizend), 12,5 keer minder dan in Duitsland (US$40,3 duizend), 11,6 keer minder dan in het Verenigd Koninkrijk (US$37,7 duizend) en 2,3 keer minder dan in China (US$7,5 duizend). De groei van de toegevoegde waarde in Kosovo was groter dan in de Verenigde Staten (2,2%), in Duitsland (1,9%), in het Verenigd Koninkrijk (1,8%) en in Japan (1,3%); maar minder dan in China (7,7%).

Hoofdstuk III. Bruto nationaal inkomen

Het bruto nationaal inkomen van Kosovo steeg van US$3,8 miljard per jaar in de jaren 1990 tot US$7,1 miljard per jaar in de jaren 2010, dat wil zeggen met US$3,3 miljard of 88,8%. De verandering vond plaats op US$2,5 miljard als gevolg van een 1,5-voudige stijging van de prijzen, en ook op US$1,5 miljard als gevolg van een 1,5-voudige toename van de productiviteit , evenals op -US$601,1 miljoen als gevolg van de afname van de bevolking. De gemiddelde jaarlijkse groei van het BNI is -0,28%. De minimumwaarde van het BNI bedroeg US$1,9 miljard in 2000. De maximumwaarde van het bruto nationaal inkomen bedroeg US$8,1 miljard in 2019.

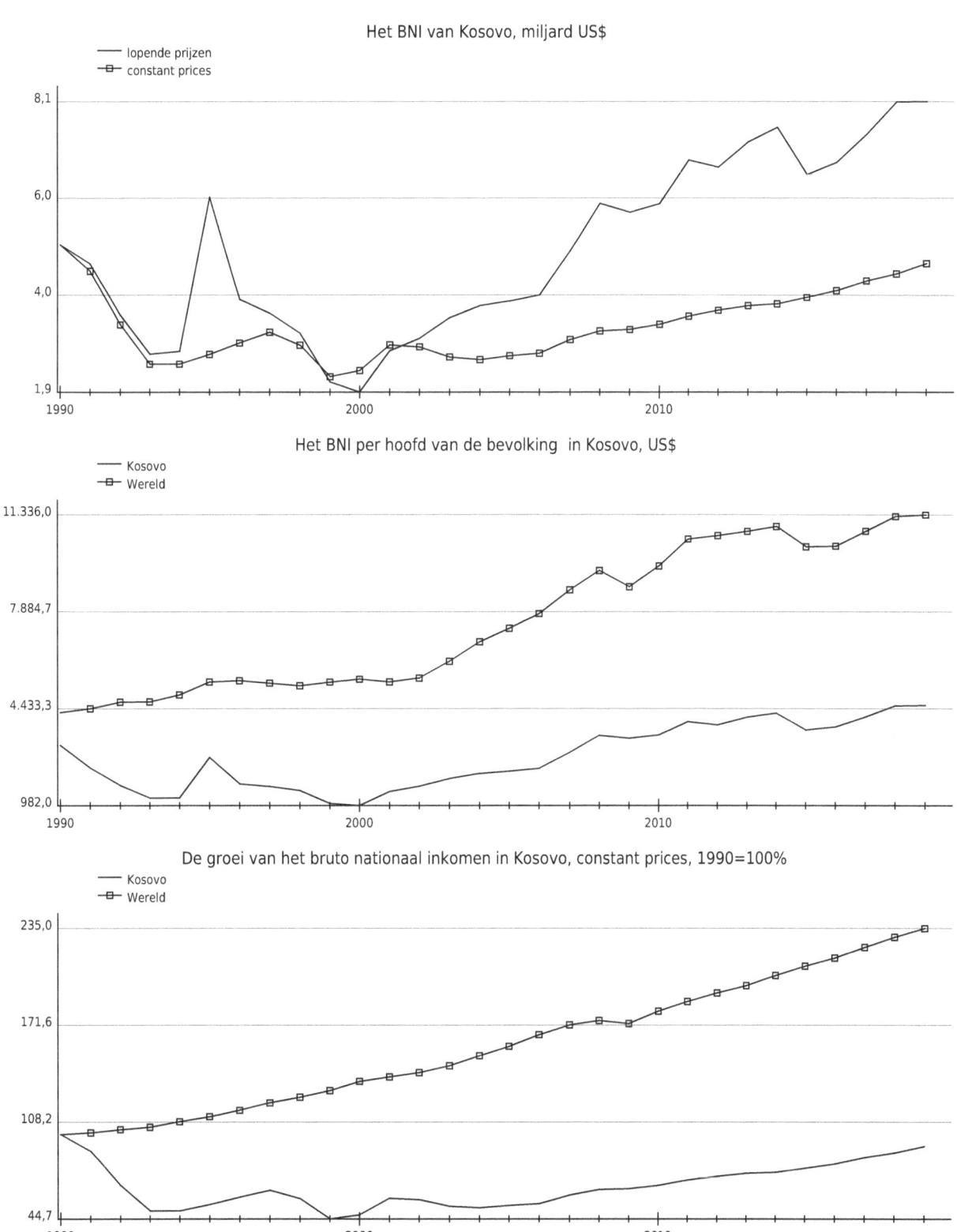

de jaren 1990

Het BNI van Kosovo bedroeg in de jaren 1990 US$3,8 miljard per jaar, stond op de 125e plaats in de wereld, en was vergelijkbaar met Palestina (US$3,8 miljard), Nicaragua (US$3,8 miljard), Madagaskar (US$3,7 miljard). Het aandeel in de wereld was 0,013%, en 0,039% in Europa.

Het BNI per hoofd in Kosovo was $1.797,7 in de jaren 1990s, stond op de 111e plaats in de wereld, en was vergelijkbaar met Peru (US$1.808,1), Melanesië (US$1.785,6), Ecuador (US$1.777,7). Het bruto nationaal inkomen per hoofd in Kosovo was in 2,8 keer lager dan het bruto nationaal inkomen per hoofd van de bevolking in de wereld ($4.991,4), en was in 7,5 keer lager dan het bruto nationaal inkomen per hoofd van de bevolking in Europa ($4.991,4).

De groei van het BNI in Kosovo bedroeg -8.5% in de jaren 1990, stond op de 202e plaats in de wereld. De groei van het BNI in Kosovo (-8,5%) was minder dan de groei van het BNI in de wereld (2,8%), was minder dan de groei van het BNI in Europa (1,3%).

Vergelijking met buren. Het BNI van Kosovo was groter dan in Noord-Macedonië (US$3,5 miljard), in Albanië (US$2,3 miljard) en in Montenegro (US$1,2 miljard); maar minder dan in Servië (US$24,5 miljard). Het bruto nationaal inkomen per hoofd in Kosovo was groter dan in Noord-Macedonië (US$1.774,7) en in Albanië (US$714,3); maar minder dan in Servië (US$2,6 duizend) en in Montenegro (US$1.986,5). De groei van het BNI in Kosovo was minder dan in Albanië (-0,11%), in Noord-Macedonië (-0,68%), in Montenegro (-4,6%) en in Servië (-7,3%).

Vergelijking met leiders. Het BNI van Kosovo was minder dan in de Verenigde Staten (US$7,5 biljoen), in Japan (US$4,4 biljoen), in Duitsland (US$2,2 biljoen), in Frankrijk (US$1,4 biljoen) en in het Verenigd Koninkrijk (US$1,3 biljoen). Het bruto nationaal inkomen per hoofd in Kosovo was minder dan in Japan (US$34,7 duizend), in de Verenigde Staten (US$28,5 duizend), in Duitsland (US$27,0 duizend), in Frankrijk (US$24,3 duizend) en in het Verenigd Koninkrijk (US$23,0 duizend). De groei van het bruto nationaal inkomen in Kosovo was minder dan in de Verenigde Staten (3,4%), in Frankrijk (2,2%), in het Verenigd Koninkrijk (2,0%), in Duitsland (2,0%) en in Japan (1,5%).

de jaren 2000

Het bruto nationaal inkomen van Kosovo bedroeg in de jaren 2000 US$4,0 miljard per jaar, stond op de 149e plaats in de wereld. Het aandeel in de wereld was 0,0085%, en 0,026% in Europa.

Het BNI per hoofd in Kosovo was $2.203,1 in de jaren 2000s, stond op de 130e plaats in de wereld, en was vergelijkbaar met Swaziland (US$2,2 duizend), Paraguay (US$2,2 duizend). Het bruto nationaal inkomen per hoofd in Kosovo was in 3,3 keer lager dan het bruto nationaal inkomen per hoofd van de bevolking in de wereld ($7.165,2), en was in 9,6 keer lager dan het bruto nationaal inkomen per hoofd van de bevolking in Europa ($7.165,2).

De groei van het BNI in Kosovo bedroeg 3.7% in de jaren 2000, stond op de 106e plaats in de wereld, en was vergelijkbaar met Israël (3,7%), Kenia (3,7%), Venezuela (3,7%). De groei van het bruto nationaal inkomen in Kosovo (3,7%) was groter dan de groei van het bruto nationaal inkomen in de wereld (3,0%), was groter dan de groei van het bruto nationaal inkomen in Europa (1,8%).

Vergelijking met buren. Het bruto nationaal inkomen van Kosovo was groter dan in Montenegro (US$2,5 miljard); maar minder dan in Servië (US$28,4 miljard), in Albanië (US$7,8 miljard) en in Noord-Macedonië (US$6,2 miljard). Het BNI per hoofd in Kosovo was minder dan in Montenegro (US$4,1 duizend), in Servië (US$3,8 duizend), in Noord-Macedonië (US$3,0 duizend) en in Albanië (US$2,5 duizend). De groei van het BNI in Kosovo was groter dan in Noord-Macedonië (3,2%); maar minder dan in Albanië (5,5%), in Servië (5,1%) en in Montenegro (3,9%).

Vergelijking met leiders. Het bruto nationaal inkomen van Kosovo was minder dan in de Verenigde Staten (US$12,7 biljoen), in Japan (US$4,8 biljoen), in Duitsland (US$2,8 biljoen), in China (US$2,6 biljoen) en in het Verenigd Koninkrijk (US$2,3 biljoen). Het bruto nationaal inkomen per hoofd in Kosovo was groter dan in China (US$1.950,5); maar minder dan in de Verenigde Staten (US$43,2 duizend), in het Verenigd Koninkrijk (US$38,5 duizend), in Japan (US$37,1 duizend) en in Duitsland (US$34,2 duizend). De groei van het bruto nationaal inkomen in Kosovo was groter dan in de Verenigde Staten (1,8%), in het Verenigd Koninkrijk (1,7%), in Duitsland (1,0%) en in Japan (0,62%); maar minder dan in China (10,4%).

de jaren 2010

Het BNI van Kosovo bedroeg in de jaren 2010 US$7,1 miljard per jaar, stond op de 151e plaats in de wereld. Het aandeel in de wereld was 0,0091%, en 0,034% in Europa.

Het bruto nationaal inkomen per hoofd in Kosovo was $4.038,7 in de jaren 2010s, stond op de 127e plaats in de wereld, en was vergelijkbaar met Armenië (US$4,0 duizend), Zuidoost-Azië (US$4,0 duizend), Jordanië (US$4,0 duizend). Het bruto nationaal inkomen per hoofd in Kosovo was in 2,6 keer lager dan het bruto nationaal inkomen per hoofd van de bevolking in de wereld ($10.611,7), en was in 7,0 keer lager dan het bruto nationaal inkomen per hoofd van de bevolking in Europa ($10.611,7).

De groei van het bruto nationaal inkomen in Kosovo bedroeg 3.6% in de jaren 2010, stond op de 87e plaats in de wereld, en was vergelijkbaar met Micronesië (3,6%), West-Afrika (3,6%), Chili (3,6%). De groei van het BNI in Kosovo (3,6%) was groter dan de groei van het bruto nationaal inkomen in de wereld (3,1%), was groter dan de groei van het bruto nationaal inkomen in Europa (1,6%).

Vergelijking met buren. Het bruto nationaal inkomen van Kosovo was 52,2% groter dan in Montenegro (US$4,7 miljard); maar 6,1 keer minder dan in Servië (US$43,6 miljard), 45,3% minder dan in Albanië (US$13,0 miljard) en 32,9% minder dan in Noord-Macedonië (US$10,6 miljard). Het BNI per hoofd in Kosovo was 45,9% minder dan in Montenegro (US$7,5 duizend), 34,1% minder dan in Servië (US$6,1 duizend), 20,8% minder dan in Noord-Macedonië (US$5,1 duizend) en 10,0% minder dan in Albanië (US$4,5 duizend). De groei van het BNI in Kosovo was groter dan in Montenegro (3,0%), in Albanië (2,7%), in Noord-Macedonië (2,2%) en in Servië (1,5%).

Vergelijking met leiders. Het bruto nationaal inkomen van Kosovo was 2.573,6 keer minder dan in de Verenigde Staten (US$18,3 biljoen), 1.471,6 keer minder dan in China (US$10,5 biljoen), 759,0 keer minder dan in Japan (US$5,4 biljoen), 527,1 keer minder dan in Duitsland (US$3,7 biljoen) en 386,1 keer minder dan in Frankrijk (US$2,7 biljoen). Het bruto nationaal inkomen per hoofd in Kosovo was 14,2 keer minder dan in de Verenigde Staten (US$57,3 duizend), 11,3 keer minder dan in Duitsland (US$45,8 duizend), 10,5 keer minder dan in Japan (US$42,2 duizend), 10,3 keer minder dan in Frankrijk (US$41,4 duizend) en 45,9% minder dan in China (US$7,5 duizend). De groei van het bruto nationaal inkomen in Kosovo was groter dan in de Verenigde Staten (2,5%), in Duitsland (2,0%), in Japan (1,4%) en in Frankrijk (1,4%); maar minder dan in China (7,7%).

Part II. Structuur

	de jaren 2010
landbouw	12,9%
industrie	20,8%
constructie	8,9%
handel	16,3%
vervoer	6,5%
diensten	34,5%

Hoofdstuk IV. Landbouw

Landbouw, jacht, bosbouw, vissen (ISIC A-B)

De sector van de landbouw in Kosovo steeg van US$208,3 miljoen per jaar in de jaren 1990 tot US$737,6 miljoen per jaar in de jaren 2010, dat wil zeggen met US$529,2 miljoen of 3,5 keer. De verandering vond plaats op US$414,6 miljoen als gevolg van een 2,3-voudige stijging van de prijzen, en ook op US$147,8 miljoen als gevolg van een 1,8-voudige toename van de productiviteit , evenals op -US$33,2 miljoen als gevolg van de afname van de bevolking. De gemiddelde jaarlijkse groei van de landbouw is -0,078%. De minimumwaarde van de landbouw bedroeg US$124,5 miljoen in 2000. De maximumwaarde van de landbouw bedroeg US$878,1 miljoen in 2014.

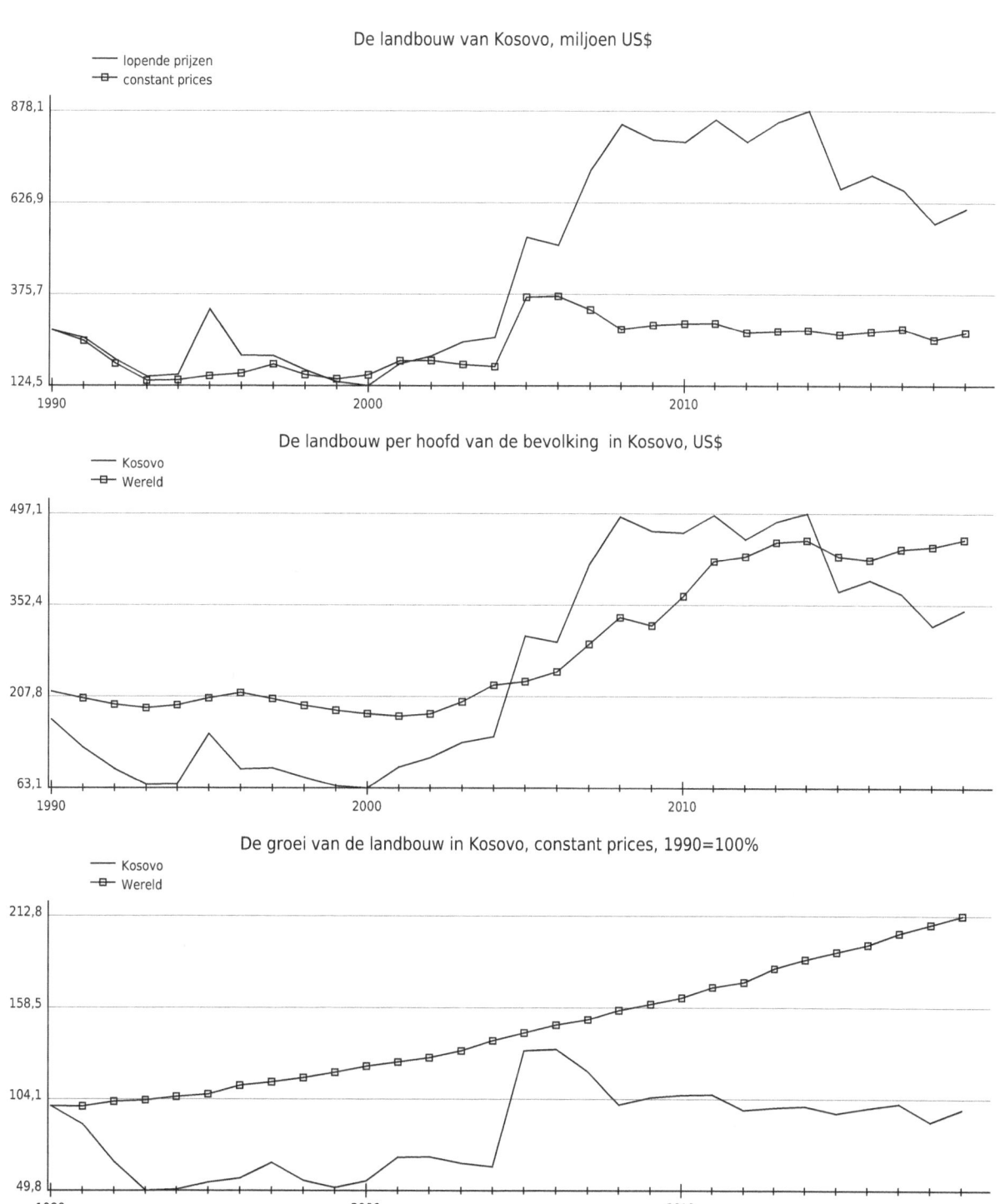

De landbouw van Kosovo, miljoen US$

De landbouw per hoofd van de bevolking in Kosovo, US$

De groei van de landbouw in Kosovo, constant prices, 1990=100%

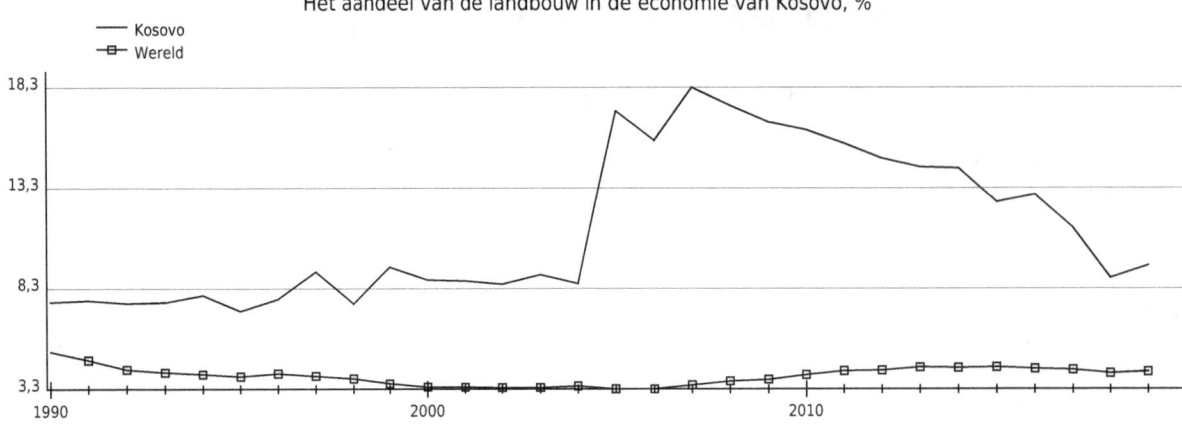

Het aandeel van de landbouw in de economie van Kosovo, %

de jaren 1990

De landbouw van Kosovo bedroeg in de jaren 1990 US$208,3 miljoen per jaar, stond op de 151e plaats in de wereld. Het aandeel in de wereld was 0,018%, en 0,075% in Europa.

Het aandeel van de landbouw in de economie van Kosovo was 7,9% in de jaren 1990, stond op de 127e plaats in de wereld, en was vergelijkbaar met Jamaica (7,8%), Estland (7,9%).

De toegevoegde waarde van de landbouw per hoofd in Kosovo was $99,4 in de jaren 1990s, stond op de 173e plaats in de wereld, en was vergelijkbaar met Niger (US$98,8), Sri Lanka (US$98,7), Somalië (US$98,5). De toegevoegde waarde van de landbouw per hoofd in Kosovo was in 2,0 keer lager dan de landbouw per hoofd van de bevolking in de wereld ($199,8), en was in 3,8 keer lager dan de landbouw per hoofd van de bevolking in Europa ($199,8).

De groei van de landbouw in Kosovo bedroeg -7.1% in de jaren 1990, stond op de 196e plaats in de wereld, en was vergelijkbaar met Oekraïne (-7,1%). De groei van de landbouw in Kosovo (-7,1%) was minder dan de groei van de landbouw in de wereld (2,2%), was minder dan de groei van de landbouw in Europa (-1,6%).

Vergelijking met buren. De waarde van de landbouw in Kosovo was groter dan in Montenegro (US$128,1 miljoen); maar minder dan in Servië (US$4,2 miljard), in Albanië (US$926,6 miljoen) en in Noord-Macedonië (US$388,6 miljoen). De landbouw per hoofd in Kosovo was minder dan in Servië (US$437,5), in Albanië (US$292,3), in Montenegro (US$207,3) en in Noord-Macedonië (US$194,7). De groei van de landbouw in Kosovo was minder dan in Albanië (3,9%), in Noord-Macedonië (0,77%), in Montenegro (-4,4%) en in Servië (-6,6%).

Vergelijking met leiders. De landbouw van Kosovo was minder dan in China (US$139,0 miljard), in de Verenigde Staten (US$96,1 miljard), in India (US$91,4 miljard), in Japan (US$78,9 miljard) en in Brazilië (US$36,8 miljard). De sector van de landbouw per hoofd in Kosovo was groter dan in India (US$95,6); maar minder dan in Japan (US$625,5), in de Verenigde Staten (US$363,4), in Brazilië (US$228,7) en in China (US$112,7). De groei van de landbouw in Kosovo was minder dan in China (4,3%), in Brazilië (3,0%), in India (2,8%), in de Verenigde Staten (2,6%) en in Japan (-1,8%).

de jaren 2000

De waarde van de landbouw in Kosovo bedroeg in de jaren 2000 US$441,4 miljoen per jaar, stond op de 142e plaats in de wereld. Het aandeel in de wereld was 0,028%, en 0,16% in Europa.

Het aandeel van de landbouw in de economie van Kosovo was 14,0% in de jaren 2000, stond op de 70e plaats in de wereld, en was vergelijkbaar met Marokko (14,0%), Zambia (13,9%), Melanesië (13,9%).

De waarde van de landbouw per hoofd in Kosovo was $246,1 in de jaren 2000s, stond op de 103e plaats in de wereld, en was vergelijkbaar met Algerije (US$245,5), Guatemala (US$246,8), Noord-Afrika (US$247,1). De toegevoegde waarde van de landbouw per hoofd in Kosovo was 2,4% hoger dan de landbouw per hoofd van de bevolking in de wereld ($240,3), en was 36,4% lager dan de landbouw per hoofd van de bevolking in Europa ($240,3).

De groei van de landbouw in Kosovo bedroeg 7.4% in de jaren 2000, stond op de 11e plaats in de wereld, en was vergelijkbaar met West-Afrika (7,4%). De groei van de landbouw in Kosovo (7,4%) was groter dan de groei van de landbouw in de wereld (3,0%), was groter dan de groei van de landbouw in Europa (1,2%).

Vergelijking met buren. De sector van de landbouw in Kosovo was groter dan in Montenegro (US$210,7 miljoen); maar minder dan in Servië (US$2,3 miljard), in Albanië (US$1,5 miljard) en in Noord-Macedonië (US$645,8 miljoen). De sector van de landbouw per hoofd in Kosovo was minder dan in Albanië (US$471,9), in Montenegro (US$341,6), in Noord-Macedonië (US$314,1) en in Servië (US$311,5). De groei van de landbouw in Kosovo was groter dan in Albanië (3,6%), in Montenegro (3,2%), in Noord-Macedonië (3,1%) en in Servië (0,54%).

Vergelijking met leiders. De toegevoegde waarde van de landbouw in Kosovo was minder dan in China (US$297,7 miljard), in India (US$147,6 miljard), in de Verenigde Staten (US$122,5 miljard), in Japan (US$57,1 miljard) en in Nigeria (US$47,6 miljard). De waarde van de landbouw per hoofd in Kosovo was groter dan in China (US$224,5) en in India (US$129,7); maar minder dan in Japan (US$445,6), in de Verenigde Staten (US$416,9) en in Nigeria (US$346,4). De groei van de landbouw in Kosovo was groter dan in China (4,0%), in de Verenigde Staten (3,6%), in India (2,0%) en in Japan (-1,3%); maar minder dan in Nigeria (10,1%).

de jaren 2010

De toegevoegde waarde van de landbouw in Kosovo bedroeg in de jaren 2010 US$737,6 miljoen per jaar, stond op de 140e plaats in de wereld, en was vergelijkbaar met Congo-Brazzaville (US$747,2 miljoen). Het aandeel in de wereld was 0,023%, en 0,20% in Europa.

Het aandeel van de landbouw in de economie van Kosovo was 12,9% in de jaren 2010, stond op de 69e plaats in de wereld, en was vergelijkbaar met Bolivia (12,9%).

De waarde van de landbouw per hoofd in Kosovo was $418,8 in de jaren 2010s, stond op de 85e plaats in de wereld, en was vergelijkbaar met Colombia (US$420,1), Ghana (US$417,0), Rusland (US$416,5). De toegevoegde waarde van de landbouw per hoofd in Kosovo was 3,1% lager dan de landbouw per hoofd van de bevolking in de wereld ($432,1), en was 14,8% lager dan de landbouw per hoofd van de bevolking in Europa ($432,1).

De groei van de landbouw in Kosovo bedroeg -0.7% in de jaren 2010, stond op de 175e plaats in de wereld. De groei van de landbouw in Kosovo (-0,71%) was minder dan de groei van de landbouw in de wereld (2,9%), was minder dan de groei van de landbouw in Europa (0,73%).

Vergelijking met buren. De waarde van de landbouw in Kosovo was 2,2 keer groter dan in Montenegro (US$343,1 miljoen); maar 4,1 keer minder dan in Servië (US$3,0 miljard), 3,3 keer minder dan in Albanië (US$2,5 miljard) en 27,0% minder dan in Noord-Macedonië (US$1,0 miljard). De waarde van de landbouw per hoofd in Kosovo was 2,0 keer minder dan in Albanië (US$850,2), 23,5% minder dan in Montenegro (US$547,5), 13,8% minder dan in Noord-Macedonië (US$486,1) en 2,2% minder dan in Servië (US$428,1). De groei van de landbouw in Kosovo was groter dan in Noord-Macedonië (-2,0%); maar minder dan in Albanië (2,7%), in Montenegro (1,4%) en in Servië (1,3%).

Vergelijking met leiders. De waarde van de landbouw in Kosovo was 1.201,5 keer minder dan in China (US$886,2 miljard), 492,7 keer minder dan in India (US$363,4 miljard), 244,4 keer minder dan in de Verenigde Staten (US$180,3 miljard), 168,2 keer minder dan in Indonesië (US$124,1 miljard) en 129,8 keer minder dan in Nigeria (US$95,8 miljard). De toegevoegde waarde van de landbouw per hoofd in Kosovo was 50,0% groter dan in India (US$279,1); maar 33,7% minder dan in China (US$631,9), 25,8% minder dan in de Verenigde Staten (US$564,3), 21,7% minder dan in Nigeria (US$534,6) en 13,4% minder dan in Indonesië (US$483,6). De groei van de landbouw in Kosovo was minder dan in India (4,1%), in Indonesië (3,9%), in China (3,8%), in Nigeria (3,6%) en in de Verenigde Staten (2,0%).

Hoofdstuk V. Industrie

Mijnbouw, productie, nutsbedrijven (ISIC C-E)

De sector van de industrie in Kosovo steeg van US$558,3 miljoen per jaar in de jaren 1990 tot US$1,2 miljard per jaar in de jaren 2010, dat wil zeggen met US$630,0 miljoen of 2,1 keer. De verandering vond plaats op US$262,7 miljoen als gevolg van een 1,3-voudige stijging van de prijzen, en ook op US$456,5 miljoen als gevolg van een 2,0-voudige toename van de productiviteit , evenals op -US$89,1 miljoen als gevolg van de afname van de bevolking. De gemiddelde jaarlijkse groei van de industrie is 0,62%. De minimumwaarde van de industrie bedroeg US$225,5 miljoen in 2000. De maximumwaarde van de industrie bedroeg US$1,4 miljard in 2019.

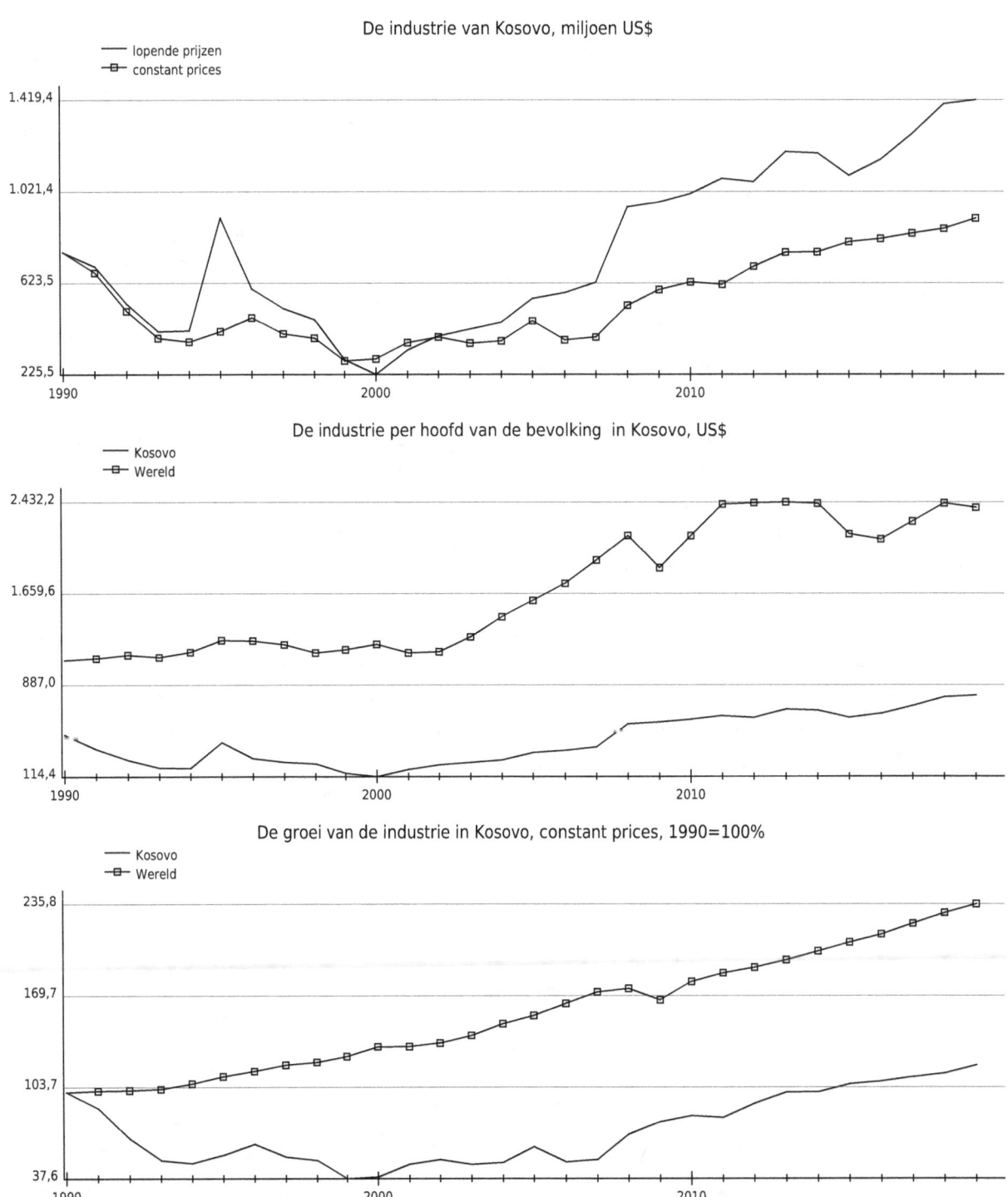

De industrie van Kosovo, miljoen US$

De industrie per hoofd van de bevolking in Kosovo, US$

De groei van de industrie in Kosovo, constant prices, 1990=100%

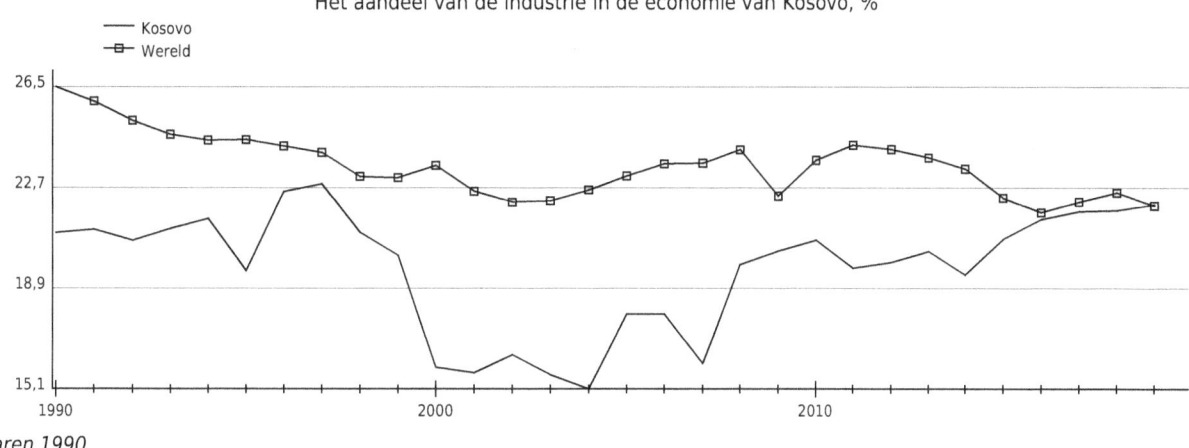

Het aandeel van de industrie in de economie van Kosovo, %

de jaren 1990

De waarde van de industrie in Kosovo bedroeg in de jaren 1990 US$558,3 miljoen per jaar, stond op de 134e plaats in de wereld, en was vergelijkbaar met Swaziland (US$565,3 miljoen), Ethiopië (US$546,8 miljoen), Palestina (US$545,6 miljoen). Het aandeel in de wereld was 0,0083%, en 0,026% in Europa.

Het aandeel van de industrie in de economie van Kosovo was 21,0% in de jaren 1990, stond op de 115e plaats in de wereld, en was vergelijkbaar met Malawi (21,1%), Jamaica (21,0%), de Nederland (21,0%).

De sector van de industrie per hoofd in Kosovo was $266,4 in de jaren 1990s, stond op de 128e plaats in de wereld, en was vergelijkbaar met Jordanië (US$269,5), Egypte (US$270,7), Papoea-Nieuw-Guinea (US$271,3). De toegevoegde waarde van de industrie per hoofd in Kosovo was in 4,4 keer lager dan de industrie per hoofd van de bevolking in de wereld ($1.175,6), en was in 11,1 keer lager dan de industrie per hoofd van de bevolking in Europa ($1.175,6).

De groei van de industrie in Kosovo bedroeg -10.3% in de jaren 1990, stond op de 198e plaats in de wereld. De groei van de industrie in Kosovo (-10,3%) was minder dan de groei van de industrie in de wereld (2,5%), was minder dan de groei van de industrie in Europa (0,0047%).

Vergelijking met buren. De sector van de industrie in Kosovo was groter dan in Albanië (US$350,8 miljoen) en in Montenegro (US$225,8 miljoen); maar minder dan in Servië (US$6,8 miljard) en in Noord-Macedonië (US$615,7 miljoen). De sector van de industrie per hoofd in Kosovo was groter dan in Albanië (US$110,7); maar minder dan in Servië (US$710,0), in Montenegro (US$365,7) en in Noord-Macedonië (US$308,6). De groei van de industrie in Kosovo was minder dan in Noord-Macedonië (-4,5%), in Montenegro (-4,7%), in Servië (-7,0%) en in Albanië (-9,7%).

Vergelijking met leiders. De waarde van de industrie in Kosovo was minder dan in de Verenigde Staten (US$1,5 biljoen), in Japan (US$1,2 biljoen), in Duitsland (US$534,0 miljard), in China (US$285,9 miljard) en in het Verenigd Koninkrijk (US$268,6 miljard). De sector van de industrie per hoofd in Kosovo was groter dan in China (US$231,9); maar minder dan in Japan (US$9,4 duizend), in Duitsland (US$6,6 duizend), in de Verenigde Staten (US$5,7 duizend) en in het Verenigd Koninkrijk (US$4,6 duizend). De groei van de industrie in Kosovo was minder dan in China (13,1%), in de Verenigde Staten (2,8%), in Japan (1,3%), in het Verenigd Koninkrijk (1,2%) en in Duitsland (0,33%).

de jaren 2000

De toegevoegde waarde van de industrie in Kosovo bedroeg in de jaren 2000 US$551,7 miljoen per jaar, stond op de 152e plaats in de wereld, en was vergelijkbaar met Niger (US$554,8 miljoen), Malawi (US$558,6 miljoen). Het aandeel in de wereld was 0,0054%, en 0,019% in Europa.

Het aandeel van de industrie in de economie van Kosovo was 17,5% in de jaren 2000, stond op de 126e plaats in de wereld, en was vergelijkbaar met Cuba (17,5%), Moldavië (17,4%), Nicaragua (17,7%).

De industrie per hoofd in Kosovo was $307,6 in de jaren 2000s, stond op de 142e plaats in de wereld, en was vergelijkbaar met Papoea-Nieuw-Guinea (US$303,7), Armenië (US$314,0). De sector van de industrie per hoofd in Kosovo was in 5,1 keer lager dan de industrie per hoofd van de bevolking in de wereld ($1.573,8), en was in 13,0 keer lager dan de industrie per hoofd van de bevolking in Europa ($1.573,8).

De groei van de industrie in Kosovo bedroeg 7.6% in de jaren 2000, stond op de 25e plaats in de wereld. De groei van de industrie in Kosovo (7,6%) was groter dan de groei van de industrie in de wereld (2,9%), was groter dan de groei van de industrie in Europa (0,63%).

Vergelijking met buren. De toegevoegde waarde van de industrie in Kosovo was groter dan in Montenegro (US$350,4 miljoen); maar minder dan in Servië (US$7,2 miljard), in Noord-Macedonië (US$913,1 miljoen) en in Albanië (US$697,6 miljoen). De toegevoegde waarde van de industrie per hoofd in Kosovo was groter dan in Albanië (US$226,7); maar minder dan in Servië (US$968,0), in Montenegro (US$568,2) en in Noord-Macedonië (US$444,1). De groei van de industrie in Kosovo was groter dan in Noord-Macedonië (3,2%), in Servië (3,1%), in Albanië (2,7%) en in Montenegro (-1,3%).

Vergelijking met leiders. De toegevoegde waarde van de industrie in Kosovo was minder dan in de Verenigde Staten (US$2,1 biljoen), in Japan (US$1,1 biljoen), in China (US$1,1 biljoen), in Duitsland (US$629,4 miljard) en in het Verenigd Koninkrijk (US$345,1 miljard). De toegevoegde waarde van de industrie per hoofd in Kosovo was minder dan in Japan (US$8,8 duizend), in Duitsland (US$7,7 duizend), in de Verenigde Staten (US$7,1 duizend), in het Verenigd Koninkrijk (US$5,7 duizend) en in China (US$795,3). De groei van de industrie in Kosovo was groter dan in de Verenigde Staten (1,5%), in Duitsland (0,19%), in Japan (0,15%) en in het Verenigd Koninkrijk (-1,1%); maar minder dan in China (11,1%).

de jaren 2010

De waarde van de industrie in Kosovo bedroeg in de jaren 2010 US$1,2 miljard per jaar, stond op de 149e plaats in de wereld, en was vergelijkbaar met Nieuw-Caledonië (US$1,2 miljard), Tadzjikistan (US$1,2 miljard). Het aandeel in de wereld was 0,0070%, en 0,031% in Europa.

Het aandeel van de industrie in de economie van Kosovo was 20,8% in de jaren 2010, stond op de 100e plaats in de wereld, en was vergelijkbaar met Honduras (20,8%), Melanesië (20,7%), Nigeria (20,9%).

De toegevoegde waarde van de industrie per hoofd in Kosovo was $674,7 in de jaren 2010s, stond op de 128e plaats in de wereld, en was vergelijkbaar met de Filipijnen (US$677,8), Guatemala (US$660,3). De waarde van de industrie per hoofd in Kosovo was in 3,4 keer lager dan de industrie per hoofd van de bevolking in de wereld ($2.320,9), en was in 7,5 keer lager dan de industrie per hoofd van de bevolking in Europa ($2.320,9).

De groei van de industrie in Kosovo bedroeg 4.3% in de jaren 2010, stond op de 61e plaats in de wereld, en was vergelijkbaar met Sri Lanka (4,2%), Zuidoost-Azië (4,2%), Benin (4,3%). De groei van de industrie in Kosovo (4,3%) was groter dan de groei van de industrie in de wereld (3,5%), was groter dan de groei van de industrie in Europa (2,0%).

Vergelijking met buren. De sector van de industrie in Kosovo was 2,5 keer groter dan in Montenegro (US$483,2 miljoen); maar 8,5 keer minder dan in Servië (US$10,1 miljard), 35,1% minder dan in Noord-Macedonië (US$1,8 miljard) en 24,4% minder dan in Albanië (US$1,6 miljard). De waarde van de industrie per hoofd in Kosovo was 24,6% groter dan in Albanië (US$541,5); maar 2,1 keer minder dan in Servië (US$1.412,5), 23,5% minder dan in Noord-Macedonië (US$881,6) en 12,5% minder dan in Montenegro (US$771,2). De groei van de industrie in Kosovo was grotor dan in Noord-Macedonië (3,5%), in Montenegro (2,0%) en in Servië (1,3%); maar minder dan in Albanië (4,5%).

Vergelijking met leiders. De industrie van Kosovo was 3.099,3 keer minder dan in China (US$3,7 biljoen), 2.307,1 keer minder dan in de Verenigde Staten (US$2,7 biljoen), 1.001,7 keer minder dan in Japan (US$1,2 biljoen), 706,8 keer minder dan in Duitsland (US$840,0 miljard) en 373,1 keer minder dan in India (US$443,4 miljard). De industrie per hoofd in Kosovo was 98,1% groter dan in India (US$340,6); maar 15,2 keer minder dan in Duitsland (US$10,3 duizend), 13,8 keer minder dan in Japan (US$9,3 duizend), 12,7 keer minder dan in de Verenigde Staten (US$8,6 duizend) en 3,9 keer minder dan in China (US$2,6 duizend). De groei van de industrie in Kosovo was groter dan in Duitsland (3,2%), in Japan (2,6%) en in de Verenigde Staten (2,2%); maar minder dan in China (7,5%) en in India (6,5%).

Hoofdstuk 5.1. Fabricage

(ISIC D)

De sector van de fabricage in Kosovo steeg van US$325,9 miljoen per jaar in de jaren 1990 tot US$762,9 miljoen per jaar in de jaren 2010, dat wil zeggen met US$437,1 miljoen of 2,3 keer. De verandering vond plaats op US$331,6 miljoen als gevolg van een 1,8-voudige stijging van de prijzen, en ook op US$157,5 miljoen als gevolg van een 1,6-voudige toename van de productiviteit , evenals op -US$52,0 miljoen als gevolg van de afname van de bevolking. De gemiddelde jaarlijkse groei van de fabricage is -0,21%. De minimumwaarde van de fabricage bedroeg US$151,1 miljoen in 2000. De maximumwaarde van de fabricage bedroeg US$927,7 miljoen in 2019.

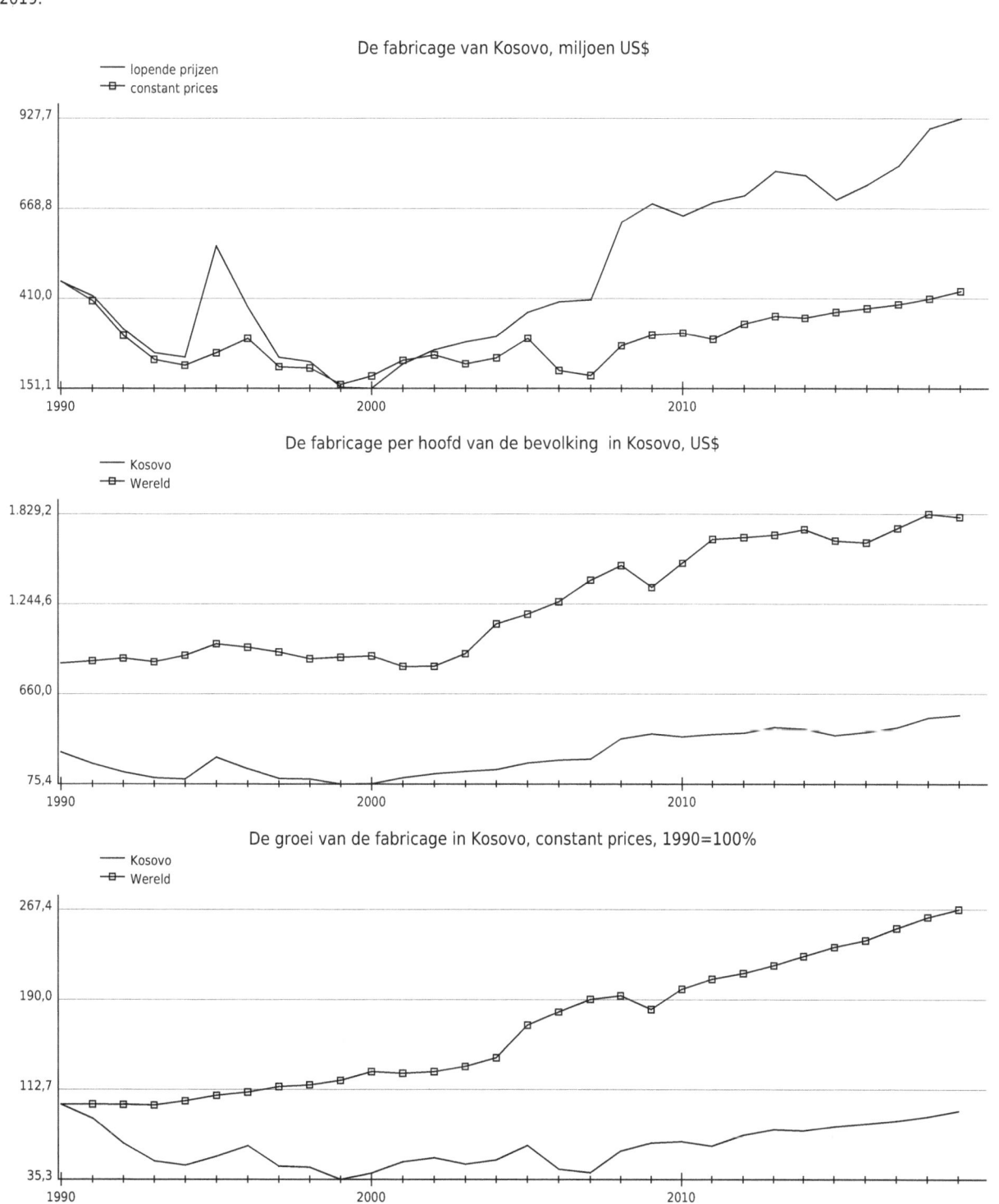

De fabricage van Kosovo, miljoen US$

De fabricage per hoofd van de bevolking in Kosovo, US$

De groei van de fabricage in Kosovo, constant prices, 1990=100%

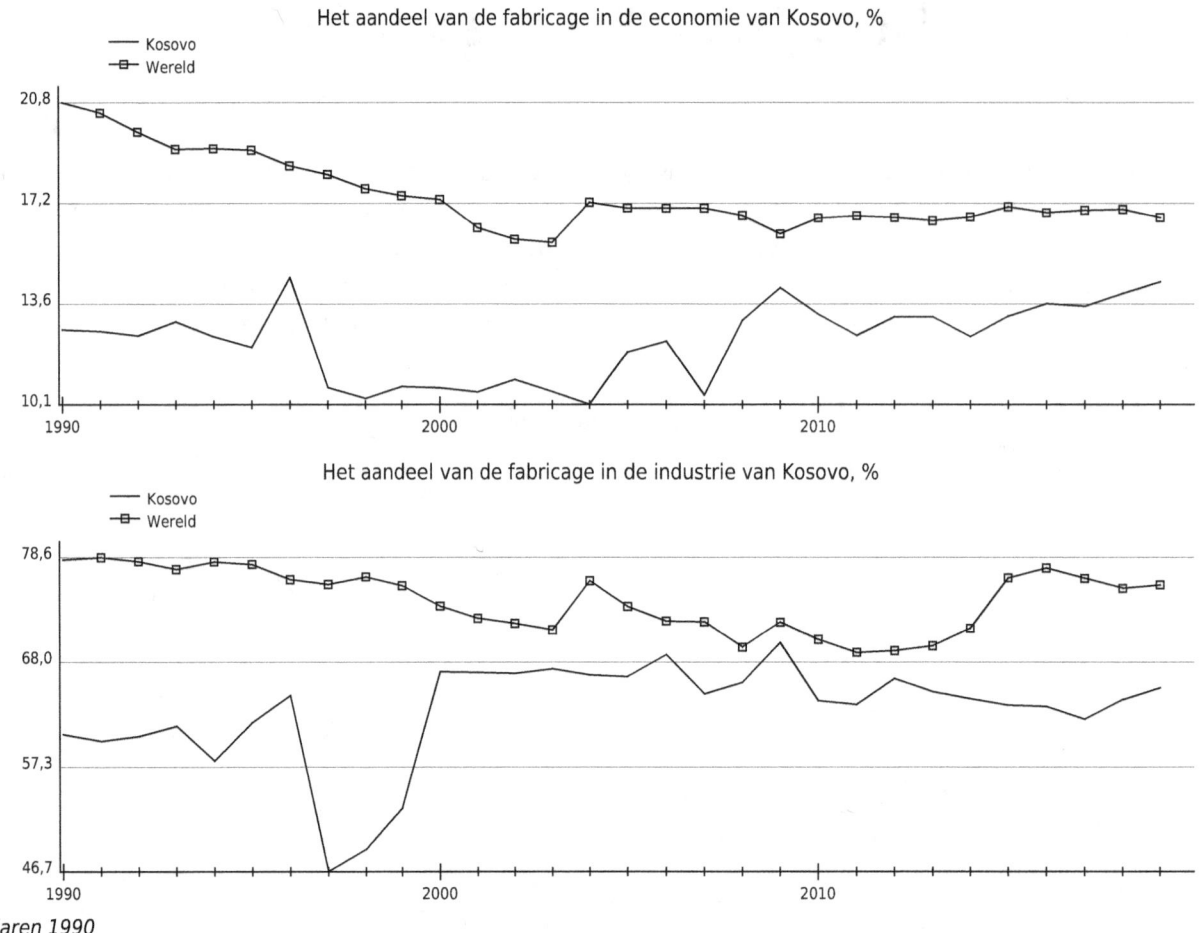

Het aandeel van de fabricage in de economie van Kosovo, %

Het aandeel van de fabricage in de industrie van Kosovo, %

de jaren 1990

De sector van de fabricage in Kosovo bedroeg in de jaren 1990 US$325,9 miljoen per jaar, stond op de 138e plaats in de wereld, en was vergelijkbaar met Congo (US$324,3 miljoen). Het aandeel in de wereld was 0,0063%, en 0,018% in Europa.

Het aandeel van de fabricage in de economie van Kosovo was 12,3% in de jaren 1990, stond op de 115e plaats in de wereld.

De fabricage per hoofd in Kosovo was $155,5 in de jaren 1990s, stond op de 127e plaats in de wereld, en was vergelijkbaar met Ivoorkust (US$157,1), Honduras (US$157,7), Grenada (US$157,9). De sector van de fabricage per hoofd in Kosovo was in 5,8 keer lager dan de fabricage per hoofd van de bevolking in de wereld ($908,4), en was in 15,7 keer lager dan de fabricage per hoofd van de bevolking in Europa ($908,4).

De groei van de fabricage in Kosovo bedroeg -10.9% in de jaren 1990, stond op de 198e plaats in de wereld, en was vergelijkbaar met Azerbeidzjan (-10,9%). De groei van de fabricage in Kosovo (-10,9%) was minder dan de groei van de fabricage in de wereld (2,0%), was minder dan de groei van de fabricage in Europa (0,24%).

Vergelijking met buren. De toegevoegde waarde van de fabricage in Kosovo was groter dan in Albanië (US$177,3 miljoen) en in Montenegro (US$121,3 miljoen); maar minder dan in Servië (US$5,4 miljard) en in Noord-Macedonië (US$384,0 miljoen). De toegevoegde waarde van de fabricage per hoofd in Kosovo was groter dan in Albanië (US$55,9); maar minder dan in Servië (US$568,3), in Montenegro (US$196,3) en in Noord-Macedonië (US$192,4). De groei van de fabricage in Kosovo was minder dan in Montenegro (-4,7%), in Noord-Macedonië (-5,9%), in Servië (-6,7%) en in Albanië (-8,6%).

Vergelijking met leiders. De waarde van de fabricage in Kosovo was minder dan in de Verenigde Staten (US$1,2 biljoen), in Japan (US$1,0 biljoen), in Duitsland (US$468,8 miljard), in Italië (US$227,8 miljard) en in Frankrijk (US$215,0 miljard). De waarde van de fabricage per hoofd in Kosovo was minder dan in Japan (US$8,3 duizend), in Duitsland (US$5,8 duizend), in de Verenigde Staten (US$4,7 duizend), in Italië (US$4,0 duizend) en in Frankrijk (US$3,6 duizend). De groei van de fabricage in Kosovo was minder dan in de Verenigde Staten (3,2%), in Frankrijk (2,4%), in Italië (1,2%), in Japan (1,1%) en in Duitsland (0,26%).

de jaren 2000

De fabricage van Kosovo bedroeg in de jaren 2000 US$370,7 miljoen per jaar, stond op de 148e plaats in de wereld, en was vergelijkbaar met Macau (US$374,8 miljoen), Kirgizië (US$365,3 miljoen), Albanië (US$364,6 miljoen). Het aandeel in de wereld was 0,0050%, en 0,016% in Europa.

Het aandeel van de fabricage in de economie van Kosovo was 11,8% in de jaren 2000, stond op de 114e plaats in de wereld, en was vergelijkbaar met West-Afrika (11,8%), Palestina (11,8%), Noord-Afrika (11,7%).

De toegevoegde waarde van de fabricage per hoofd in Kosovo was $206,7 in de jaren 2000s, stond op de 130e plaats in de wereld. De fabricage per hoofd in Kosovo was in 5,5 keer lager dan de fabricage per hoofd van de bevolking in de wereld ($1.138,1), en was in 15,3 keer lager dan de fabricage per hoofd van de bevolking in Europa ($1.138,1).

De groei van de fabricage in Kosovo bedroeg 6.5% in de jaren 2000, stond op de 44e plaats in de wereld, en was vergelijkbaar met Zuid-Korea (6,5%), Malawi (6,6%), Bulgarije (6,6%). De groei van de fabricage in Kosovo (6,5%) was groter dan de groei van de fabricage in de wereld (4,2%), was groter dan de groei van de fabricage in Europa (0,69%).

Vergelijking met buren. De toegevoegde waarde van de fabricage in Kosovo was groter dan in Albanië (US$364,6 miljoen) en in Montenegro (US$171,5 miljoen); maar minder dan in Servië (US$5,4 miljard) en in Noord-Macedonië (US$584,5 miljoen). De toegevoegde waarde van de fabricage per hoofd in Kosovo was groter dan in Albanië (US$118,5); maar minder dan in Servië (US$732,0), in Noord-Macedonië (US$284,3) en in Montenegro (US$278,0). De groei van de fabricage in Kosovo was groter dan in Servië (3,4%), in Noord-Macedonië (3,3%) en in Montenegro (-4,6%); maar minder dan in Albanië (7,8%).

Vergelijking met leiders. De waarde van de fabricage in Kosovo was minder dan in de Verenigde Staten (US$1,6 biljoen), in China (US$1,1 biljoen), in Japan (US$992,9 miljard), in Duitsland (US$551,4 miljard) en in Italië (US$277,2 miljard). De toegevoegde waarde van de fabricage per hoofd in Kosovo was minder dan in Japan (US$7,7 duizend), in Duitsland (US$6,8 duizend), in de Verenigde Staten (US$5,6 duizend), in Italië (US$4,8 duizend) en in China (US$815,3). De groei van de fabricage in Kosovo was groter dan in de Verenigde Staten (1,6%), in Japan (0,32%), in Duitsland (0,097%) en in Italië (-1,3%).

de jaren 2010

De waarde van de fabricage in Kosovo bedroeg in de jaren 2010 US$762,9 miljoen per jaar, stond op de 146e plaats in de wereld. Het aandeel in de wereld was 0,0061%, en 0,026% in Europa.

Het aandeel van de fabricage in de economie van Kosovo was 13,4% in de jaren 2010, stond op de 87e plaats in de wereld, en was vergelijkbaar met Zuid-Afrika (13,4%), Costa Rica (13,4%), Noord-Macedonië (13,4%).

De waarde van de fabricage per hoofd in Kosovo was $433,2 in de jaren 2010s, stond op de 111e plaats in de wereld. De sector van de fabricage per hoofd in Kosovo was in 3,9 keer lager dan de fabricage per hoofd van de bevolking in de wereld ($1.697,4), en was in 9,0 keer lager dan de fabricage per hoofd van de bevolking in Europa ($1.697,4).

De groei van de fabricage in Kosovo bedroeg 3.5% in de jaren 2010, stond op de 90e plaats in de wereld, en was vergelijkbaar met Tsjaad (3,5%), Zwitserland (3,6%). De groei van de fabricage in Kosovo (3,5%) was minder dan de groei van de fabricage in de wereld (3,9%), was groter dan de groei van de fabricage in Europa (2,5%).

Vergelijking met buren. De fabricage van Kosovo was 4,3% groter dan in Albanië (US$731,2 miljoen) en 4,1 keer groter dan in Montenegro (US$188,0 miljoen); maar 9,0 keer minder dan in Servië (US$6,9 miljard) en 39,8% minder dan in Noord-Macedonië (US$1,3 miljard). De sector van de fabricage per hoofd in Kosovo was 44,4% groter dan in Montenegro (US$300,0) en 71,9% groter dan in Albanië (US$252,0); maar 2,2 keer minder dan in Servië (US$962,1) en 29,0% minder dan in Noord-Macedonië (US$610,1). De groei van de fabricage in Kosovo was groter dan in Servië (1,6%) en in Montenegro (1,3%); maar minder dan in Albanië (5,6%) en in Noord-Macedonië (4,9%).

Vergelijking met leiders. De sector van de fabricage in Kosovo was 4.083,1 keer minder dan in China (US$3,1 biljoen), 2.713,9 keer minder dan in de Verenigde Staten (US$2,1 biljoen), 1.389,4 keer minder dan in Japan (US$1,1 biljoen), 963,6 keer minder dan in Duitsland (US$735,2 miljard) en 511,9 keer minder dan in Zuid-Korea (US$390,5 miljard). De sector van de fabricage per hoofd in Kosovo was 20,7 keer minder dan in Duitsland (US$9,0 duizend), 19,1 keer minder dan in Japan (US$8,3 duizend), 17,8 keer minder dan in Zuid-Korea (US$7,7 duizend), 15,0 keer minder dan in de Verenigde Staten (US$6,5 duizend) en 5,1 keer minder dan in China (US$2,2 duizend). De groei van de fabricage in Kosovo was groter dan in Duitsland (3,5%), in Japan (3,0%) en in de Verenigde Staten (1,9%); maar minder dan in China (7,5%) en in Zuid-Korea (3,8%).

Hoofdstuk VI. Constructie

(ISIC F)

De toegevoegde waarde van de constructie in Kosovo steeg van US$416,1 miljoen per jaar in de jaren 1990 tot US$505,6 miljoen per jaar in de jaren 2010, dat wil zeggen met US$89,5 miljoen of 21,5%. De verandering vond plaats op US$303,8 miljoen als gevolg van een 2,5-voudige stijging van de prijzen, en ook op -US$148,0 miljoen als gevolg van een 1,7-voudige afname van de productiviteit , evenals op -US$66,4 miljoen als gevolg van de afname van de bevolking. De gemiddelde jaarlijkse groei van de constructie is -3,4%. De minimumwaarde van de constructie bedroeg US$146,0 miljoen in 2000. De maximumwaarde van de constructie bedroeg US$690,8 miljoen in 2018.

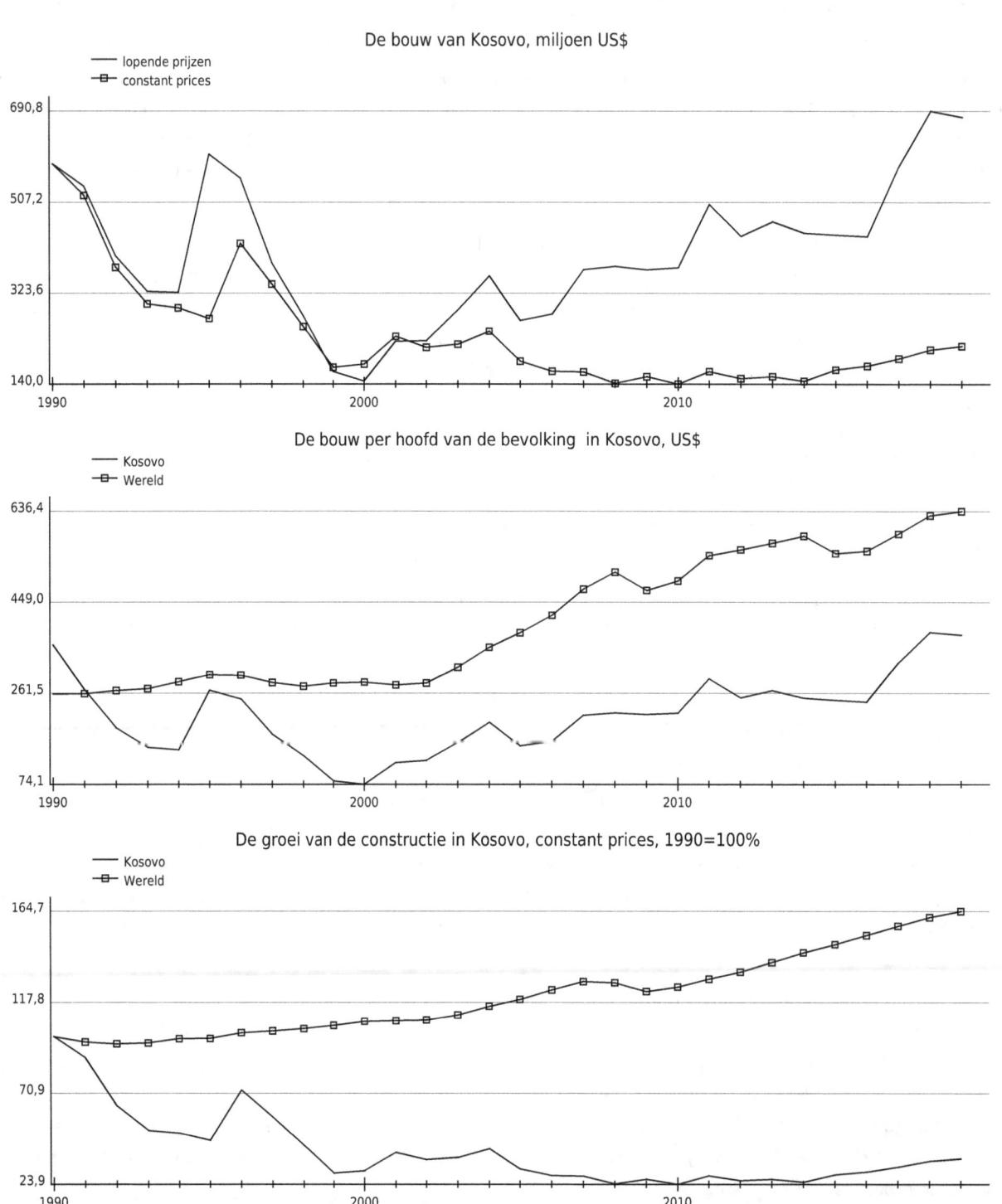

De bouw van Kosovo, miljoen US$

De bouw per hoofd van de bevolking in Kosovo, US$

De groei van de constructie in Kosovo, constant prices, 1990=100%

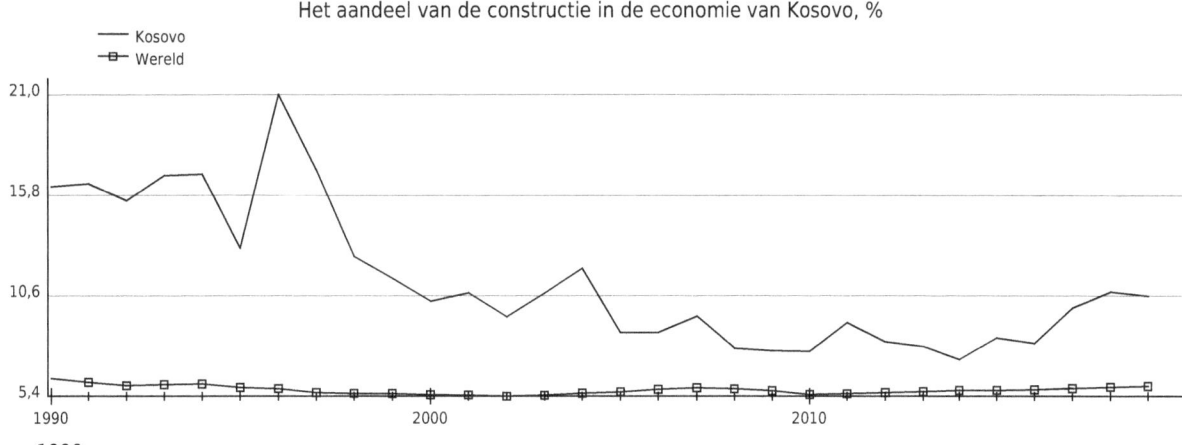

Het aandeel van de constructie in de economie van Kosovo, %

de jaren 1990

De toegevoegde waarde van de constructie in Kosovo bedroeg in de jaren 1990 US$416,1 miljoen per jaar, stond op de 93e plaats in de wereld, en was vergelijkbaar met Costa Rica (US$414,5 miljoen), Ghana (US$409,0 miljoen), Tanzania (US$423,8 miljoen). Het aandeel in de wereld was 0,026%, en 0,075% in Europa.

Het aandeel van de constructie in de economie van Kosovo was 15,7% in de jaren 1990, stond op de 3e plaats in de wereld.

De sector van de constructie per hoofd in Kosovo was $198,6 in de jaren 1990s, stond op de 78e plaats in de wereld, en was vergelijkbaar met Grenada (US$199,2), Maleisië (US$199,7), Botswana (US$201,0). De waarde van de constructie per hoofd in Kosovo was 28,7% lager dan de constructie per hoofd van de bevolking in de wereld ($278,6), en was in 3,8 keer lager dan de constructie per hoofd van de bevolking in Europa ($278,6).

De groei van de constructie in Kosovo bedroeg -12.6% in de jaren 1990, stond op de 197e plaats in de wereld. De groei van de constructie in Kosovo (-12,6%) was minder dan de groei van de constructie in de wereld (0,71%), was minder dan de groei van de constructie in Europa (-1,7%).

Vergelijking met buren. De sector van de constructie in Kosovo was groter dan in Albanië (US$225,1 miljoen), in Noord-Macedonië (US$187,7 miljoen) en in Montenegro (US$43,2 miljoen); maar minder dan in Servië (US$1,3 miljard). De waarde van de constructie per hoofd in Kosovo was groter dan in Servië (US$140,3), in Noord-Macedonië (US$94,1), in Albanië (US$71,0) en in Montenegro (US$69,9). De groei van de constructie in Kosovo was minder dan in Albanië (3,5%), in Noord-Macedonië (-2,9%), in Montenegro (-4,6%) en in Servië (-8,9%).

Vergelijking met leiders. De waarde van de constructie in Kosovo was minder dan in Japan (US$343,2 miljard), in de Verenigde Staten (US$299,1 miljard), in Duitsland (US$125,2 miljard), in het Verenigd Koninkrijk (US$69,8 miljard) en in Frankrijk (US$68,8 miljard). De sector van de constructie per hoofd in Kosovo was minder dan in Japan (US$2,7 duizend), in Duitsland (US$1.552,3), in het Verenigd Koninkrijk (US$1.205,1), in Frankrijk (US$1.158,8) en in de Verenigde Staten (US$1.131,2). De groei van de constructie in Kosovo was minder dan in de Verenigde Staten (1,8%), in Duitsland (-0,047%), in het Verenigd Koninkrijk (-0,34%), in Frankrijk (-0,65%) en in Japan (-1,0%).

de jaren 2000

De waarde van de constructie in Kosovo bedroeg in de jaren 2000 US$291,7 miljoen per jaar, stond op de 135e plaats in de wereld, en was vergelijkbaar met Moldavië (US$288,1 miljoen). Het aandeel in de wereld was 0,012%, en 0,035% in Europa.

Het aandeel van de constructie in de economie van Kosovo was 9,3% in de jaren 2000, stond op de 22e plaats in de wereld.

De toegevoegde waarde van de constructie per hoofd in Kosovo was $162,6 in de jaren 2000s, stond op de 117e plaats in de wereld, en was vergelijkbaar met Colombia (US$162,1). De waarde van de constructie per hoofd in Kosovo was in 2,3 keer lager dan de constructie per hoofd van de bevolking in de wereld ($381,3), en was in 7,1 keer lager dan de constructie per hoofd van de bevolking in Europa ($381,3).

De groei van de constructie in Kosovo bedroeg -1.1% in de jaren 2000, stond op de 196e plaats in de wereld. De groei van de constructie in Kosovo (-1,1%) was minder dan de groei van de constructie in de wereld (1,5%), was minder dan de groei van de constructie in Europa (0,97%).

Vergelijking met buren. De toegevoegde waarde van de constructie in Kosovo was groter dan in Montenegro (US$113,3 miljoen); maar minder dan in Albanië (US$1,2 miljard), in Servië (US$1,1 miljard) en in Noord-Macedonië (US$372,3 miljoen). De sector van de constructie per hoofd in Kosovo was groter dan in Servië (US$149,1); maar minder dan in Albanië (US$384,4), in Montenegro (US$183,7) en in Noord-Macedonië (US$181,1). De groei van de constructie in Kosovo was minder dan in Albanië (12,9%), in Montenegro (12,4%), in Servië (11,4%) en in Noord-Macedonië (3,3%).

Vergelijking met leiders. De toegevoegde waarde van de constructie in Kosovo was minder dan in de Verenigde Staten (US$583,0 miljard), in Japan (US$270,5 miljard), in China (US$150,1 miljard), in het Verenigd Koninkrijk (US$132,1 miljard) en in Spanje (US$111,8 miljard). De bouw per hoofd in Kosovo was groter dan in China (US$113,1); maar minder dan in Spanje (US$2,6 duizend), in het Verenigd Koninkrijk (US$2,2 duizend), in Japan (US$2,1 duizend) en in de Verenigde Staten (US$1.983,7). De groei van de constructie in Kosovo was groter dan in de Verenigde Staten (-2,6%) en in Japan (-3,9%); maar minder dan in China (11,9%), in Spanje (1,7%) en in het Verenigd Koninkrijk (0,17%).

de jaren 2010

De waarde van de constructie in Kosovo bedroeg in de jaren 2010 US$505,6 miljoen per jaar, stond op de 142e plaats in de wereld, en was vergelijkbaar met Senegal (US$497,2 miljoen). Het aandeel in de wereld was 0,012%, en 0,048% in Europa.

Het aandeel van de constructie in de economie van Kosovo was 8,9% in de jaren 2010, stond op de 31e plaats in de wereld, en was vergelijkbaar met de Verenigde Arabische Emiraten (8,9%).

De sector van de constructie per hoofd in Kosovo was $287,1 in de jaren 2010s, stond op de 124e plaats in de wereld, en was vergelijkbaar met Centraal-Azië (US$288,8), Congo-Brazzaville (US$289,8). De waarde van de constructie per hoofd in Kosovo was 49,8% lager dan de constructie per hoofd van de bevolking in de wereld ($572,1), en was in 4,9 keer lager dan de constructie per hoofd van de bevolking in Europa ($572,1).

De groei van de constructie in Kosovo bedroeg 3.4% in de jaren 2010, stond op de 97e plaats in de wereld. De groei van de constructie in Kosovo (3,4%) was groter dan de groei van de constructie in de wereld (2,9%), was groter dan de groei van de constructie in Europa (0,50%).

Vergelijking met buren. De sector van de constructie in Kosovo was 2,2 keer groter dan in Montenegro (US$227,6 miljoen); maar 3,6 keer minder dan in Servië (US$1,8 miljard), 2,6 keer minder dan in Albanië (US$1,3 miljard) en 24,9% minder dan in Noord-Macedonië (US$673,5 miljoen). De waarde van de constructie per hoofd in Kosovo was 13,7% groter dan in Servië (US$252,5); maar 35,7% minder dan in Albanië (US$446,6), 21,0% minder dan in Montenegro (US$363,3) en 11,4% minder dan in Noord-Macedonië (US$324,1). De groei van de constructie in Kosovo was groter dan in Albanië (-2,3%); maar minder dan in Montenegro (7,7%), in Servië (5,9%) en in Noord-Macedonië (5,8%).

Vergelijking met leiders. De constructie van Kosovo was 1.445,9 keer minder dan in China (US$731,1 miljard), 1.346,4 keer minder dan in de Verenigde Staten (US$680,8 miljard), 551,1 keer minder dan in Japan (US$278,7 miljard), 332,4 keer minder dan in India (US$168,1 miljard) en 303,0 keer minder dan in Duitsland (US$153,2 miljard). De waarde van de constructie per hoofd in Kosovo was 2,2 keer groter dan in India (US$129,1); maar 7,6 keer minder dan in Japan (US$2,2 duizend), 7,4 keer minder dan in de Verenigde Staten (US$2,1 duizend), 6,5 keer minder dan in Duitsland (US$1.871,9) en 44,9% minder dan in China (US$521,3). De groei van de constructie in Kosovo was groter dan in Duitsland (1,8%), in Japan (1,7%) en in de Verenigde Staten (1,4%); maar minder dan in China (8,2%) en in India (5,2%).

Hoofdstuk VII. Vervoer

Transport, opslag en communicatie (ISIC I)

De waarde van het transport in Kosovo steeg van US$132,6 miljoen per jaar in de jaren 1990 tot US$372,3 miljoen per jaar in de jaren 2010, dat wil zeggen met US$239,6 miljoen of 2,8 keer. De verandering vond plaats op US$185,2 miljoen als gevolg van een 2,0-voudige stijging van de prijzen, en ook op US$75,6 miljoen als gevolg van een 1,7-voudige toename van de productiviteit , evenals op -US$21,2 miljoen als gevolg van de afname van de bevolking. De gemiddelde jaarlijkse groei van het transport is 0,69%. De minimumwaarde van het transport bedroeg US$59,7 miljoen in 2000. De maximumwaarde van het transport bedroeg US$462,3 miljoen in 2018.

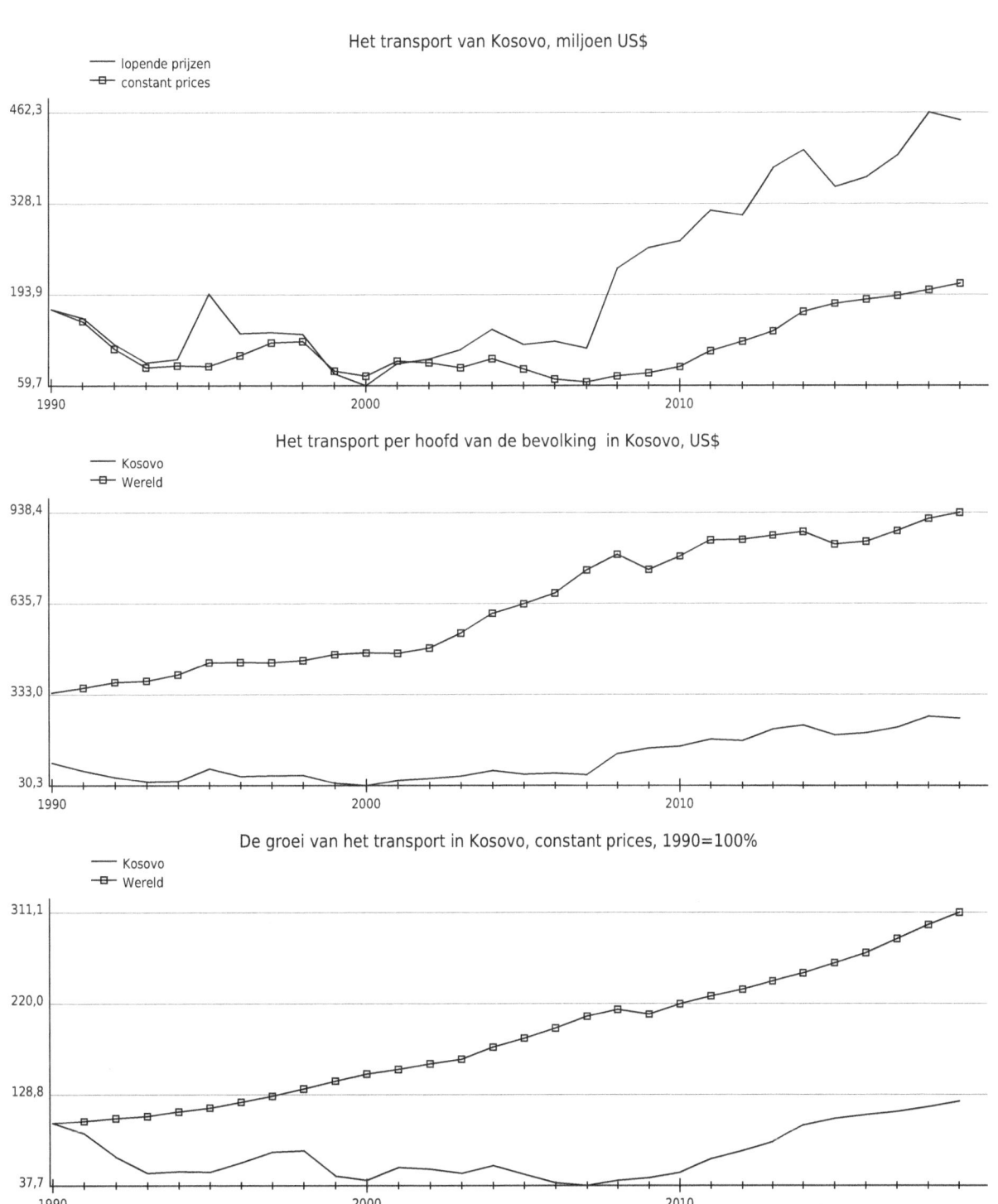

Het transport van Kosovo, miljoen US$

Het transport per hoofd van de bevolking in Kosovo, US$

De groei van het transport in Kosovo, constant prices, 1990=100%

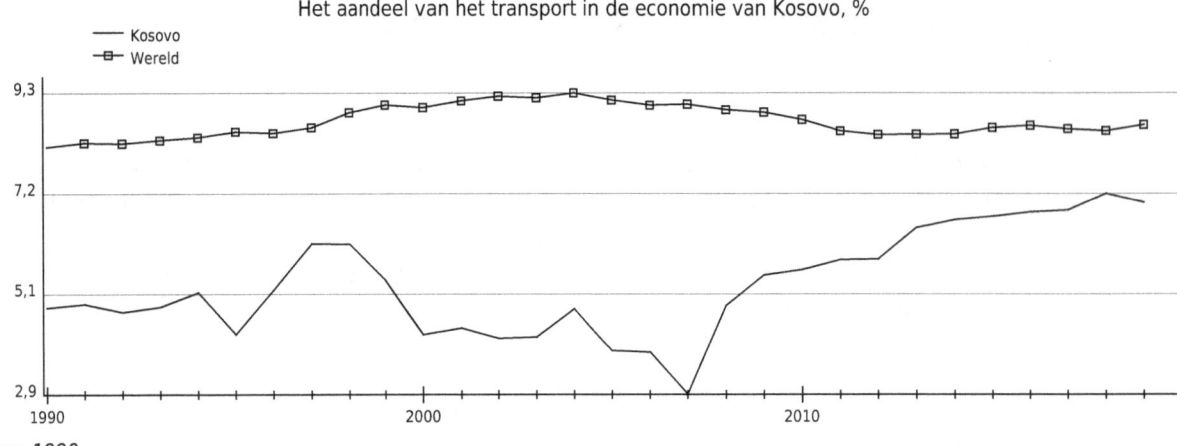

Het aandeel van het transport in de economie van Kosovo, %

de jaren 1990

De toegevoegde waarde van het transport in Kosovo bedroeg in de jaren 1990 US$132,6 miljoen per jaar, stond op de 144e plaats in de wereld, en was vergelijkbaar met Montenegro (US$132,4 miljoen). Het aandeel in de wereld was 0,0057%, en 0,017% in Europa.

Het aandeel van het transport in de economie van Kosovo was 5,0% in de jaren 1990, stond op de 172e plaats in de wereld.

De waarde van het transport per hoofd in Kosovo was $63,3 in de jaren 1990s, stond op de 142e plaats in de wereld, en was vergelijkbaar met Afrika (US$63,1), Honduras (US$62,3). De waarde van het transport per hoofd in Kosovo was in 6,5 keer lager dan het transport per hoofd van de bevolking in de wereld ($409,5), en was in 17,1 keer lager dan het transport per hoofd van de bevolking in Europa ($409,5).

De groei van het transport in Kosovo bedroeg -8% in de jaren 1990, stond op de 195e plaats in de wereld. De groei van het transport in Kosovo (-8,0%) was minder dan de groei van het transport in de wereld (4,0%), was minder dan de groei van het transport in Europa (2,4%).

Vergelijking met buren. Het vervoer van Kosovo was groter dan in Montenegro (US$132,4 miljoen) en in Albanië (US$76,6 miljoen); maar minder dan in Servië (US$1,3 miljard) en in Noord-Macedonië (US$212,9 miljoen). De waarde van het transport per hoofd in Kosovo was groter dan in Albanië (US$24,2); maar minder dan in Montenegro (US$214,4), in Servië (US$133,9) en in Noord-Macedonië (US$106,7). De groei van het transport in Kosovo was groter dan in Servië (-9,3%); maar minder dan in Albanië (2,3%), in Noord-Macedonië (0,96%) en in Montenegro (-4,5%).

Vergelijking met leiders. De waarde van het transport in Kosovo was minder dan in de Verenigde Staten (US$702,6 miljard), in Japan (US$373,9 miljard), in Duitsland (US$144,3 miljard), in Frankrijk (US$118,7 miljard) en in het Verenigd Koninkrijk (US$117,6 miljard). De waarde van het transport per hoofd in Kosovo was minder dan in Japan (US$3,0 duizend), in de Verenigde Staten (US$2,7 duizend), in het Verenigd Koninkrijk (US$2,0 duizend), in Frankrijk (US$1.999,2) en in Duitsland (US$1.789,0). De groei van het transport in Kosovo was minder dan in de Verenigde Staten (5,0%), in Frankrijk (4,8%), in het Verenigd Koninkrijk (4,7%), in Duitsland (3,9%) en in Japan (3,0%).

de jaren 2000

De toegevoegde waarde van het transport in Kosovo bedroeg in de jaren 2000 US$135,9 miljoen per jaar, stond op de 167e plaats in de wereld. Het aandeel in de wereld was 0,0034%, en 0,010% in Europa.

Het aandeel van het transport in de economie van Kosovo was 4,3% in de jaren 2000, stond op de 193e plaats in de wereld, en was vergelijkbaar met Botswana (4,3%).

De waarde van het transport per hoofd in Kosovo was $75,8 in de jaren 2000s, stond op de 163e plaats in de wereld, en was vergelijkbaar met Angola (US$74,3). De toegevoegde waarde van het transport per hoofd in Kosovo was in 8,2 keer lager dan het transport per hoofd van de bevolking in de wereld ($621,1), en was in 24,4 keer lager dan het transport per hoofd van de bevolking in Europa ($621,1).

De groei van het transport in Kosovo bedroeg -0.4% in de jaren 2000, stond op de 199e plaats in de wereld. De groei van het transport in Kosovo (-0,41%) was minder dan de groei van het transport in de wereld (3,9%), was minder dan de groei van het transport in Europa (3,1%).

Vergelijking met buren. De waarde van het transport in Kosovo was minder dan in Servië (US$1,7 miljard), in Albanië (US$591,8 miljoen), in Noord-Macedonië (US$444,2 miljoen) en in Montenegro (US$251,9 miljoen). De sector van het transport per hoofd in Kosovo was minder dan in Montenegro (US$408,5), in Servië (US$230,0), in Noord-Macedonië (US$216,0) en in Albanië (US$192,4). De groei van het transport in Kosovo was minder dan in Albanië (14,1%), in Servië (9,6%), in Noord-Macedonië (5,4%) en in Montenegro (3,6%).

Vergelijking met leiders. De waarde van het transport in Kosovo was minder dan in de Verenigde Staten (US$1,2 biljoen), in Japan (US$468,5 miljard), in Duitsland (US$228,2 miljard), in het Verenigd Koninkrijk (US$215,9 miljard) en in Frankrijk (US$185,6 miljard). De waarde van het transport per hoofd in Kosovo was minder dan in de Verenigde Staten (US$4,0 duizend), in Japan (US$3,7 duizend), in het Verenigd Koninkrijk (US$3,6 duizend), in Frankrijk (US$3,0 duizend) en in Duitsland (US$2,8 duizend). De groei van het transport in Kosovo was minder dan in Duitsland (3,4%), in het Verenigd Koninkrijk (3,1%), in de Verenigde Staten (3,1%), in Frankrijk (2,7%) en in Japan (1,5%).

de jaren 2010

De sector van het transport in Kosovo bedroeg in de jaren 2010 US$372,3 miljoen per jaar, stond op de 161e plaats in de wereld, en was vergelijkbaar met de Maldiven (US$377,4 miljoen). Het aandeel in de wereld was 0,0059%, en 0,021% in Europa.

Het aandeel van het transport in de economie van Kosovo was 6,5% in de jaren 2010, stond op de 162e plaats in de wereld, en was vergelijkbaar met India (6,5%), Oost-Azië (6,5%), de Kaaimaneilanden (6,5%).

De toegevoegde waarde van het transport per hoofd in Kosovo was $211,4 in de jaren 2010s, stond op de 147e plaats in de wereld, en was vergelijkbaar met Ivoorkust (US$213,0), Melanesië (US$214,0), Moldavië (US$214,8). De toegevoegde waarde van het transport per hoofd in Kosovo was in 4,1 keer lager dan het transport per hoofd van de bevolking in de wereld ($864,8), en was in 11,5 keer lager dan het transport per hoofd van de bevolking in Europa ($864,8).

De groei van het transport in Kosovo bedroeg 10.4% in de jaren 2010, stond op de 11e plaats in de wereld. De groei van het transport in Kosovo (10,4%) was groter dan de groei van het transport in de wereld (4,0%), was groter dan de groei van het transport in Europa (2,6%).

Vergelijking met buren. De toegevoegde waarde van het transport in Kosovo was 10,0 keer minder dan in Servië (US$3,7 miljard), 2,3 keer minder dan in Albanië (US$842,2 miljoen), 2,1 keer minder dan in Noord-Macedonië (US$770,6 miljoen) en 3,9% minder dan in Montenegro (US$387,4 miljoen). De sector van het transport per hoofd in Kosovo was 2,9 keer minder dan in Montenegro (US$618,2), 2,5 keer minder dan in Servië (US$521,6), 43,0% minder dan in Noord-Macedonië (US$370,8) en 27,2% minder dan in Albanië (US$290,3). De groei van het transport in Kosovo was groter dan in Noord-Macedonië (4,6%), in Servië (4,5%), in Montenegro (2,0%) en in Albanië (0,35%).

Vergelijking met leiders. De sector van het transport in Kosovo was 4.804,2 keer minder dan in de Verenigde Staten (US$1,8 biljoen), 1.423,3 keer minder dan in Japan (US$529,8 miljard), 1.247,1 keer minder dan in China (US$464,2 miljard), 806,0 keer minder dan in Duitsland (US$300,0 miljard) en 692,4 keer minder dan in het Verenigd Koninkrijk (US$257,7 miljard). De sector van het transport per hoofd in Kosovo was 26,5 keer minder dan in de Verenigde Staten (US$5,6 duizend), 19,6 keer minder dan in Japan (US$4,1 duizend), 18,6 keer minder dan in het Verenigd Koninkrijk (US$3,9 duizend), 17,3 keer minder dan in Duitsland (US$3,7 duizend) en 36,1% minder dan in China (US$331,0). De groei van het transport in Kosovo was groter dan in China (7,5%), in de Verenigde Staten (5,1%), in het Verenigd Koninkrijk (2,8%), in Duitsland (2,7%) en in Japan (0,81%).

Hoofdstuk VIII. Handel

Groothandel, detailhandel, restaurants en hotels (ISIC G-H)

De sector van de handel in Kosovo steeg van US$349,4 miljoen per jaar in de jaren 1990 tot US$933,1 miljoen per jaar in de jaren 2010, dat wil zeggen met US$583,7 miljoen of 2,7 keer. De verandering vond plaats op US$380,5 miljoen als gevolg van een 1,7-voudige stijging van de prijzen, en ook op US$259,0 miljoen als gevolg van een 1,9-voudige toename van de productiviteit , evenals op -US$55,7 miljoen als gevolg van de afname van de bevolking. De gemiddelde jaarlijkse groei van de handel is 0,73%. De minimumwaarde van de handel bedroeg US$176,6 miljoen in 2000. De maximumwaarde van de handel bedroeg US$1,1 miljard in 2019.

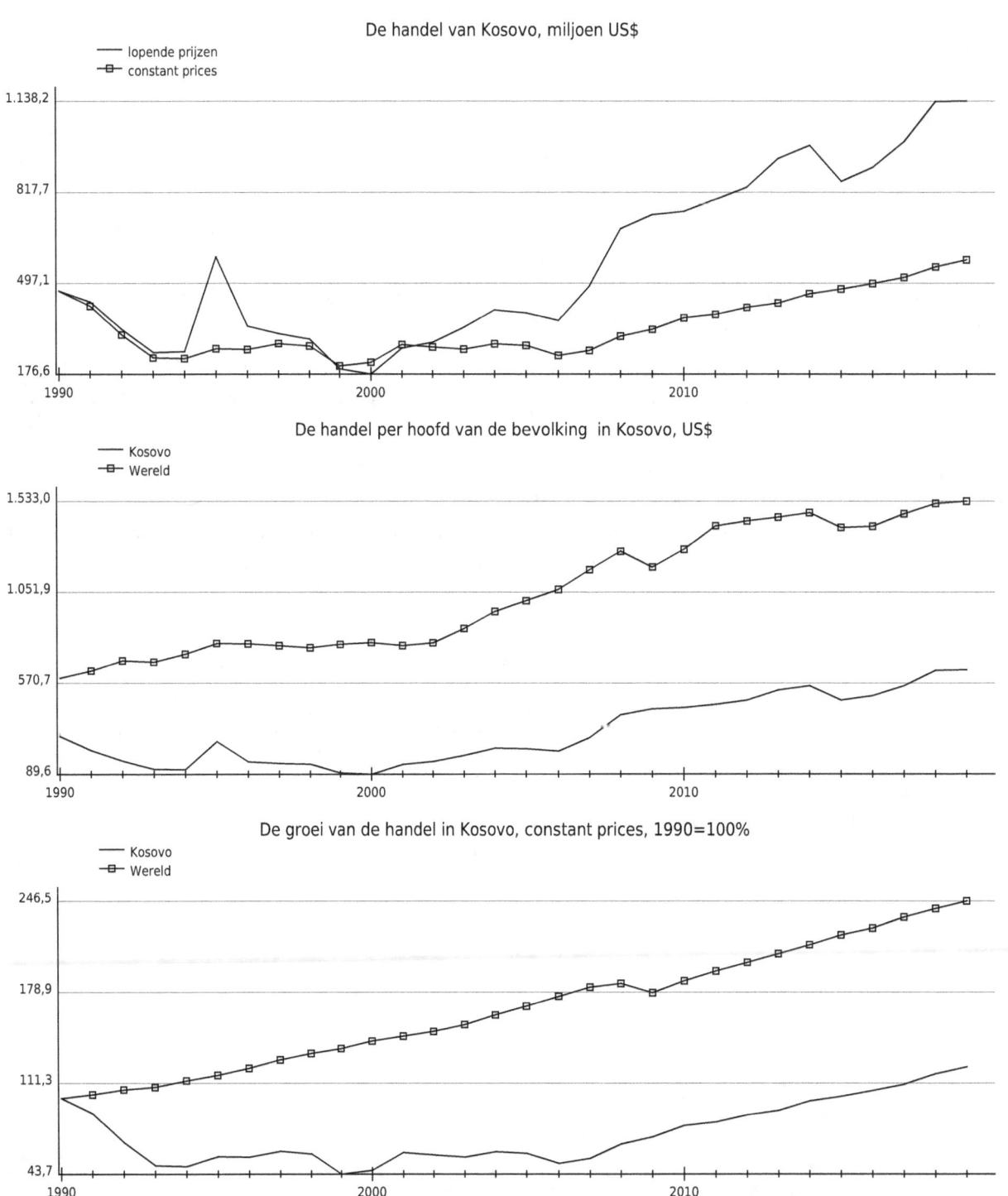

De handel van Kosovo, miljoen US$

De handel per hoofd van de bevolking in Kosovo, US$

De groei van de handel in Kosovo, constant prices, 1990=100%

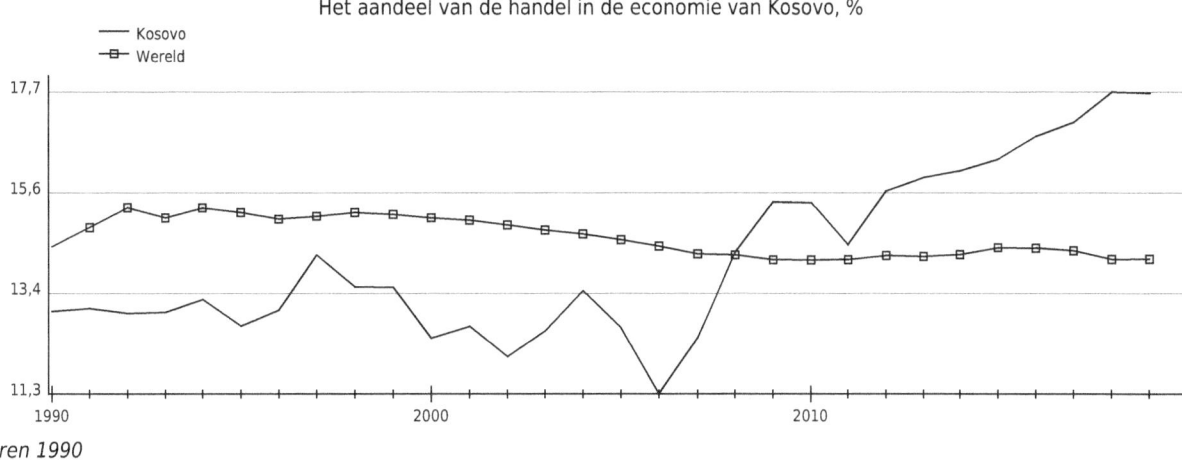

Het aandeel van de handel in de economie van Kosovo, %

de jaren 1990

De handel van Kosovo bedroeg in de jaren 1990 US$349,4 miljoen per jaar, stond op de 140e plaats in de wereld. Het aandeel in de wereld was 0,0085%, en 0,027% in Europa.

Het aandeel van de handel in de economie van Kosovo was 13,2% in de jaren 1990, stond op de 132e plaats in de wereld, en was vergelijkbaar met Ghana (13,2%), Congo-Kinshasa (13,1%), Slovenië (13,1%).

De handel per hoofd in Kosovo was $166,7 in de jaren 1990s, stond op de 131e plaats in de wereld, en was vergelijkbaar met Marokko (US$168,4), Congo (US$165,0), de Filipijnen (US$169,4). De sector van de handel per hoofd in Kosovo was in 4,3 keer lager dan de handel per hoofd van de bevolking in de wereld ($721,8), en was in 10,8 keer lager dan de handel per hoofd van de bevolking in Europa ($721,8).

De groei van de handel in Kosovo bedroeg -8.8% in de jaren 1990, stond op de 202e plaats in de wereld. De groei van de handel in Kosovo (-8,8%) was minder dan de groei van de handel in de wereld (3,5%), was minder dan de groei van de handel in Europa (2,0%).

Vergelijking met buren. De handel van Kosovo was groter dan in Noord-Macedonië (US$320,4 miljoen), in Albanië (US$319,3 miljoen) en in Montenegro (US$166,1 miljoen); maar minder dan in Servië (US$2,1 miljard). De handel per hoofd in Kosovo was groter dan in Noord-Macedonië (US$160,6) en in Albanië (US$100,7); maar minder dan in Montenegro (US$268,9) en in Servië (US$215,8). De groei van de handel in Kosovo was minder dan in Noord-Macedonië (21,2%), in Albanië (0,66%), in Montenegro (-4,4%) en in Servië (-7,2%).

Vergelijking met leiders. De handel van Kosovo was minder dan in de Verenigde Staten (US$1,2 biljoen), in Japan (US$713,2 miljard), in Duitsland (US$243,7 miljard), in Italië (US$185,6 miljard) en in Frankrijk (US$177,0 miljard). De handel per hoofd in Kosovo was minder dan in Japan (US$5,7 duizend), in de Verenigde Staten (US$4,4 duizend), in Italië (US$3,3 duizend), in Duitsland (US$3,0 duizend) en in Frankrijk (US$3,0 duizend). De groei van de handel in Kosovo was minder dan in de Verenigde Staten (4,3%), in Japan (3,8%), in Duitsland (2,5%), in Frankrijk (2,4%) en in Italië (1,9%).

de jaren 2000

De handel van Kosovo bedroeg in de jaren 2000 US$415,0 miljoen per jaar, stond op de 158e plaats in de wereld, en was vergelijkbaar met Mauritanië (US$412,0 miljoen). Het aandeel in de wereld was 0,0064%, en 0,020% in Europa.

Het aandeel van de handel in de economie van Kosovo was 13,2% in de jaren 2000, stond op de 142e plaats in de wereld, en was vergelijkbaar met Angola (13,2%), Centraal-Afrika (13,2%), Noord-Europa (13,2%).

De handel per hoofd in Kosovo was $231,4 in de jaren 2000s, stond op de 138e plaats in de wereld. De handel per hoofd in Kosovo was in 4,3 keer lager dan de handel per hoofd van de bevolking in de wereld ($990,3), en was in 12,0 keer lager dan de handel per hoofd van de bevolking in Europa ($990,3).

De groei van de handel in Kosovo bedroeg 5% in de jaren 2000, stond op de 80e plaats in de wereld. De groei van de handel in Kosovo (5,0%) was groter dan de groei van de handel in de wereld (2,7%), was groter dan de groei van de handel in Europa (2,2%).

Vergelijking met buren. De sector van de handel in Kosovo was groter dan in Montenegro (US$375,6 miljoen); maar minder dan in

Servië (US$2,9 miljard), in Albanië (US$1,1 miljard) en in Noord-Macedonië (US$759,4 miljoen). De handel per hoofd in Kosovo was minder dan in Montenegro (US$609,1), in Servië (US$392,0), in Noord-Macedonië (US$369,3) en in Albanië (US$351,4). De groei van de handel in Kosovo was groter dan in Noord-Macedonië (4,6%) en in Albanië (0,63%); maar minder dan in Servië (10,3%) en in Montenegro (10,0%).

Vergelijking met leiders. De handel van Kosovo was minder dan in de Verenigde Staten (US$1,9 biljoen), in Japan (US$771,8 miljard), in Duitsland (US$296,0 miljard), in het Verenigd Koninkrijk (US$293,5 miljard) en in China (US$262,0 miljard). De handel per hoofd in Kosovo was groter dan in China (US$197,5); maar minder dan in de Verenigde Staten (US$6,4 duizend), in Japan (US$6,0 duizend), in het Verenigd Koninkrijk (US$4,9 duizend) en in Duitsland (US$3,6 duizend). De groei van de handel in Kosovo was groter dan in Duitsland (1,7%), in het Verenigd Koninkrijk (1,3%), in de Verenigde Staten (1,1%) en in Japan (-0,77%); maar minder dan in China (11,9%).

de jaren 2010

De handel van Kosovo bedroeg in de jaren 2010 US$933,1 miljoen per jaar, stond op de 151e plaats in de wereld, en was vergelijkbaar met Rwanda (US$915,7 miljoen). Het aandeel in de wereld was 0,0089%, en 0,035% in Europa.

Het aandeel van de handel in de economie van Kosovo was 16,3% in de jaren 2010, stond op de 91e plaats in de wereld, en was vergelijkbaar met Ghana (16,4%), Turkije (16,2%), Niger (16,2%).

De sector van de handel per hoofd in Kosovo was $529,8 in de jaren 2010s, stond op de 131e plaats in de wereld, en was vergelijkbaar met Tonga (US$534,0), Tunesië (US$524,1), El Salvador (US$521,1). De sector van de handel per hoofd in Kosovo was in 2,7 keer lager dan de handel per hoofd van de bevolking in de wereld ($1.436,8), en was in 6,8 keer lager dan de handel per hoofd van de bevolking in Europa ($1.436,8).

De groei van de handel in Kosovo bedroeg 5.7% in de jaren 2010, stond op de 43e plaats in de wereld, en was vergelijkbaar met Mozambique (5,6%), de Turks- en Caicoseilanden (5,7%). De groei van de handel in Kosovo (5,7%) was groter dan de groei van de handel in de wereld (3,3%), was groter dan de groei van de handel in Europa (2,0%).

Vergelijking met buren. De sector van de handel in Kosovo was 6,1% groter dan in Montenegro (US$879,5 miljoen); maar 6,1 keer minder dan in Servië (US$5,7 miljard), 44,1% minder dan in Albanië (US$1,7 miljard) en 41,7% minder dan in Noord-Macedonië (US$1,6 miljard). De handel per hoofd in Kosovo was 2,6 keer minder dan in Montenegro (US$1.403,5), 34,0% minder dan in Servië (US$803,3), 31,2% minder dan in Noord-Macedonië (US$770,5) en 7,9% minder dan in Albanië (US$575,4). De groei van de handel in Kosovo was groter dan in Montenegro (4,9%), in Noord-Macedonië (4,6%), in Albanië (2,2%) en in Servië (1,8%).

Vergelijking met leiders. De toegevoegde waarde van de handel in Kosovo was 2.802,9 keer minder dan in de Verenigde Staten (US$2,6 biljoen), 1.280,0 keer minder dan in China (US$1,2 biljoen), 931,8 keer minder dan in Japan (US$869,5 miljard), 399,3 keer minder dan in Duitsland (US$372,6 miljard) en 353,6 keer minder dan in het Verenigd Koninkrijk (US$330,0 miljard). De toegevoegde waarde van de handel per hoofd in Kosovo was 15,5 keer minder dan in de Verenigde Staten (US$8,2 duizend), 12,8 keer minder dan in Japan (US$6,8 duizend), 9,5 keer minder dan in het Verenigd Koninkrijk (US$5,0 duizend), 8,6 keer minder dan in Duitsland (US$4,6 duizend) en 37,8% minder dan in China (US$851,7). De groei van de handel in Kosovo was groter dan in het Verenigd Koninkrijk (2,8%), in de Verenigde Staten (2,3%), in Duitsland (2,0%) en in Japan (0,77%); maar minder dan in China (8,9%).

Hoofdstuk IX. Diensten

(ISIC J-P)

De sector van de diensten in Kosovo steeg van US$987,7 miljoen per jaar in de jaren 1990 tot US$2,0 miljard per jaar in de jaren 2010, dat wil zeggen met US$982,8 miljoen of 99,5%. De verandering vond plaats op US$635,0 miljoen als gevolg van een 1,5-voudige stijging van de prijzen, en ook op US$505,4 miljoen als gevolg van een 1,6-voudige toename van de productiviteit , evenals op -US$157,6 miljoen als gevolg van de afname van de bevolking. De gemiddelde jaarlijkse groei van de diensten is -0,18%. De minimumwaarde van de diensten bedroeg US$577,0 miljoen in 1999. De maximumwaarde van de diensten bedroeg US$2,2 miljard in 2014.

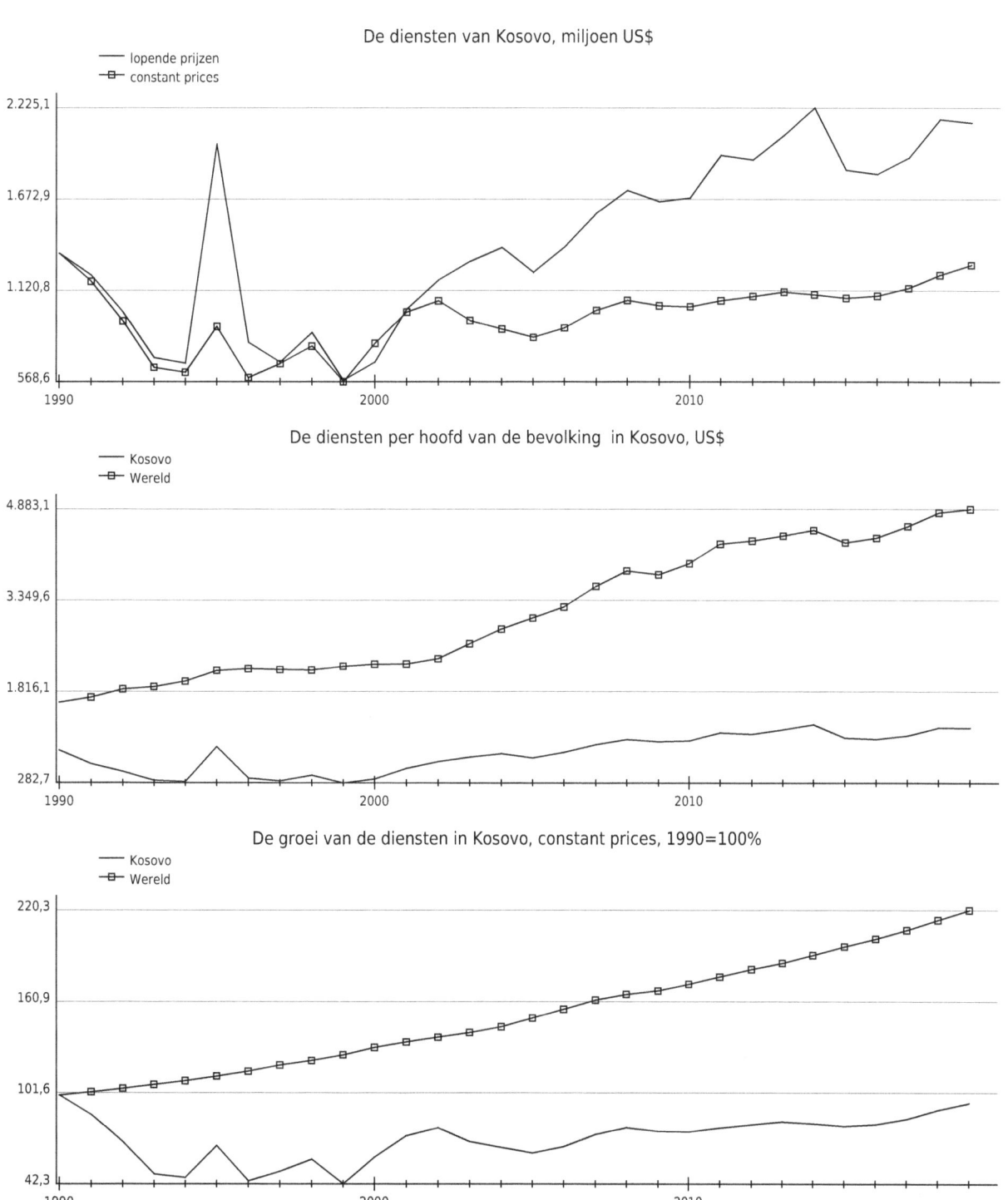

De diensten van Kosovo, miljoen US$

De diensten per hoofd van de bevolking in Kosovo, US$

De groei van de diensten in Kosovo, constant prices, 1990=100%

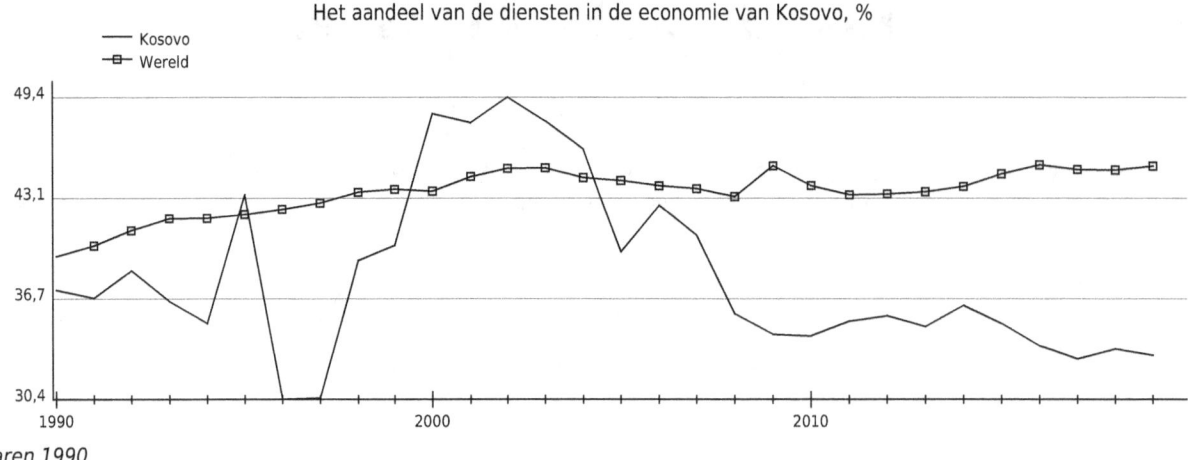

Het aandeel van de diensten in de economie van Kosovo, %

de jaren 1990

De waarde van de diensten in Kosovo bedroeg in de jaren 1990 US$987,7 miljoen per jaar, stond op de 127e plaats in de wereld, en was vergelijkbaar met Bosnië en Herzegovina (US$988,7 miljoen), Azerbeidzjan (US$994,3 miljoen), Mauritius (US$976,4 miljoen). Het aandeel in de wereld was 0,0086%, en 0,026% in Europa.

Het aandeel van de diensten in de economie van Kosovo was 37,2% in de jaren 1990, stond op de 72e plaats in de wereld, en was vergelijkbaar met de Maldiven (37,3%), Singapore (37,1%), Andorra (37,4%).

De diensten per hoofd in Kosovo waren $471,3 in de jaren 1990s, stonden op de 116e plaats in de wereld, en waren vergelijkbaar met Kazachstan (US$469,6), Rusland (US$482,5). De waarde van de diensten per hoofd in Kosovo was in 4,3 keer lager dan de diensten per hoofd van de bevolking in de wereld ($2.014,6), en was in 11,2 keer lager dan de diensten per hoofd van de bevolking in Europa ($2.014,6).

De groei van de diensten in Kosovo bedroeg -9.1% in de jaren 1990, stond op de 204e plaats in de wereld. De groei van de diensten in Kosovo (-9,1%) was minder dan de groei van de diensten in de wereld (2,7%), was minder dan de groei van de diensten in Europa (2,1%).

Vergelijking met buren. De toegevoegde waarde van de diensten in Kosovo was groter dan in Montenegro (US$366,5 miljoen) en in Albanië (US$289,1 miljoen); maar minder dan in Servië (US$7,2 miljard) en in Noord-Macedonië (US$1,5 miljard). De sector van de diensten per hoofd in Kosovo was groter dan in Albanië (US$91,2); maar minder dan in Servië (US$756,1), in Noord-Macedonië (US$754,8) en in Montenegro (US$593,4). De groei van de diensten in Kosovo was minder dan in Noord-Macedonië (2,4%), in Albanië (-1,3%), in Montenegro (-4,8%) en in Servië (-7,4%).

Vergelijking met leiders. De waarde van de diensten in Kosovo was minder dan in de Verenigde Staten (US$3,8 biljoen), in Japan (US$1,6 biljoen), in Duitsland (US$908,0 miljard), in Frankrijk (US$628,2 miljard) en in het Verenigd Koninkrijk (US$592,3 miljard). De sector van de diensten per hoofd in Kosovo was minder dan in de Verenigde Staten (US$14,4 duizend), in Japan (US$12,8 duizend), in Duitsland (US$11,3 duizend), in Frankrijk (US$10,6 duizend) en in het Verenigd Koninkrijk (US$10,2 duizend). De groei van de diensten in Kosovo was minder dan in Duitsland (3,2%), in het Verenigd Koninkrijk (3,0%), in de Verenigde Staten (2,3%), in Japan (1,7%) en in Frankrijk (1,6%).

de jaren 2000

De diensten van Kosovo bedroegen in de jaren 2000 US$1,3 miljard per jaar, stonden op de 140e plaats in de wereld, en waren vergelijkbaar met Andorra (US$1,3 miljard). Het aandeel in de wereld was 0,0067%, en 0,020% in Europa.

Het aandeel van de diensten in de economie van Kosovo was 41,7% in de jaren 2000, stonden op de 59e plaats in de wereld, en was vergelijkbaar met Hongarije (41,7%), Zuid-Afrika (41,7%), Saint Vincent en de Grenadines (41,6%).

De toegevoegde waarde van de diensten per hoofd in Kosovo was $732,7 in de jaren 2000s, stond op de 122e plaats in de wereld, en was vergelijkbaar met Melanesië (US$743,8), Turkmenistan (US$714,9). De sector van de diensten per hoofd in Kosovo was in 4,1 keer lager dan de diensten per hoofd van de bevolking in de wereld ($3.011,2), en was in 12,0 keer lager dan de diensten per hoofd van de bevolking in Europa ($3.011,2).

De groei van de diensten in Kosovo bedroeg 6.1% in de jaren 2000, stond op de 42e plaats in de wereld, en was vergelijkbaar met

Maleisië (6,1%), Zuid-Azië (6,1%), Ghana (6,1%). De groei van de diensten in Kosovo (6,1%) was groter dan de groei van de diensten in de wereld (2,9%), was groter dan de groei van de diensten in Europa (2,0%).

Vergelijking met buren. De waarde van de diensten in Kosovo was groter dan in Montenegro (US$755,4 miljoen); maar minder dan in Servië (US$9,1 miljard), in Noord-Macedonië (US$2,3 miljard) en in Albanië (US$1,7 miljard). De toegevoegde waarde van de diensten per hoofd in Kosovo was groter dan in Albanië (US$560,2); maar minder dan in Montenegro (US$1.224,9), in Servië (US$1.224,1) en in Noord-Macedonië (US$1.102,8). De groei van de diensten in Kosovo was groter dan in Servië (4,6%), in Albanië (4,2%), in Noord-Macedonië (0,99%) en in Montenegro (0,21%).

Vergelijking met leiders. De diensten van Kosovo waren minder dan in de Verenigde Staten (US$6,7 biljoen), in Japan (US$2,0 biljoen), in Duitsland (US$1,2 biljoen), in het Verenigd Koninkrijk (US$1,1 biljoen) en in Frankrijk (US$997,0 miljard). De toegevoegde waarde van de diensten per hoofd in Kosovo was minder dan in de Verenigde Staten (US$22,9 duizend), in het Verenigd Koninkrijk (US$18,0 duizend), in Frankrijk (US$15,9 duizend), in Japan (US$15,3 duizend) en in Duitsland (US$15,0 duizend). De groei van de diensten in Kosovo was groter dan in het Verenigd Koninkrijk (2,7%), in de Verenigde Staten (2,0%), in Frankrijk (1,5%), in Japan (1,2%) en in Duitsland (0,57%).

de jaren 2010

De diensten van Kosovo bedroegen in de jaren 2010 US$2,0 miljard per jaar, stonden op de 152e plaats in de wereld, en waren vergelijkbaar met Barbados (US$2,0 miljard). Het aandeel in de wereld was 0,0060%, en 0,022% in Europa.

Het aandeel van de diensten in de economie van Kosovo was 34,5% in de jaren 2010, stonden op de 107e plaats in de wereld, en was vergelijkbaar met Centraal-Amerika (34,5%), Sri Lanka (34,4%), Polen (34,3%).

De sector van de diensten per hoofd in Kosovo was $1.118,8 in de jaren 2010s, stond op de 135e plaats in de wereld, en was vergelijkbaar met Armenië (US$1.133,9). De sector van de diensten per hoofd in Kosovo was in 4,0 keer lager dan de diensten per hoofd van de bevolking in de wereld ($4.467,8), en was in 10,9 keer lager dan de diensten per hoofd van de bevolking in Europa ($4.467,8).

De groei van de diensten in Kosovo bedroeg 2.2% in de jaren 2010, stond op de 127e plaats in de wereld, en was vergelijkbaar met Canada (2,2%), Zuid-Afrika (2,2%). De groei van de diensten in Kosovo (2,2%) was minder dan de groei van de diensten in de wereld (2,7%), was groter dan de groei van de diensten in Europa (1,3%).

Vergelijking met buren. De diensten van Kosovo waren 33,1% groter dan in Montenegro (US$1,5 miljard); maar 7,0 keer minder dan in Servië (US$13,8 miljard), 45,1% minder dan in Noord-Macedonië (US$3,6 miljard) en 43,4% minder dan in Albanië (US$3,5 miljard). De sector van de diensten per hoofd in Kosovo was 2,1 keer minder dan in Montenegro (US$2,4 duizend), 42,3% minder dan in Servië (US$1.938,6), 35,2% minder dan in Noord-Macedonië (US$1.726,0) en 6,8% minder dan in Albanië (US$1.200,8). De groei van de diensten in Kosovo was groter dan in Noord-Macedonië (1,6%) en in Servië (1,4%); maar minder dan in Albanië (4,7%) en in Montenegro (2,4%).

Vergelijking met leiders. De waarde van de diensten in Kosovo was 5.051,9 keer minder dan in de Verenigde Staten (US$10,0 biljoen), 1.800,0 keer minder dan in China (US$3,5 biljoen), 1.153,7 keer minder dan in Japan (US$2,3 biljoen), 815,7 keer minder dan in Duitsland (US$1,6 biljoen) en 687,9 keer minder dan in het Verenigd Koninkrijk (US$1,4 biljoen). De waarde van de diensten per hoofd in Kosovo was 27,8 keer minder dan in de Verenigde Staten (US$31,2 duizend), 18,5 keer minder dan in het Verenigd Koninkrijk (US$20,7 duizend), 17,6 keer minder dan in Duitsland (US$19,6 duizend), 15,9 keer minder dan in Japan (US$17,8 duizend) en 2,3 keer minder dan in China (US$2,5 duizend). De groei van de diensten in Kosovo was groter dan in de Verenigde Staten (1,8%), in het Verenigd Koninkrijk (1,7%), in Duitsland (1,2%) en in Japan (0,99%); maar minder dan in China (8,4%).

Part III. Externe betrekkingen

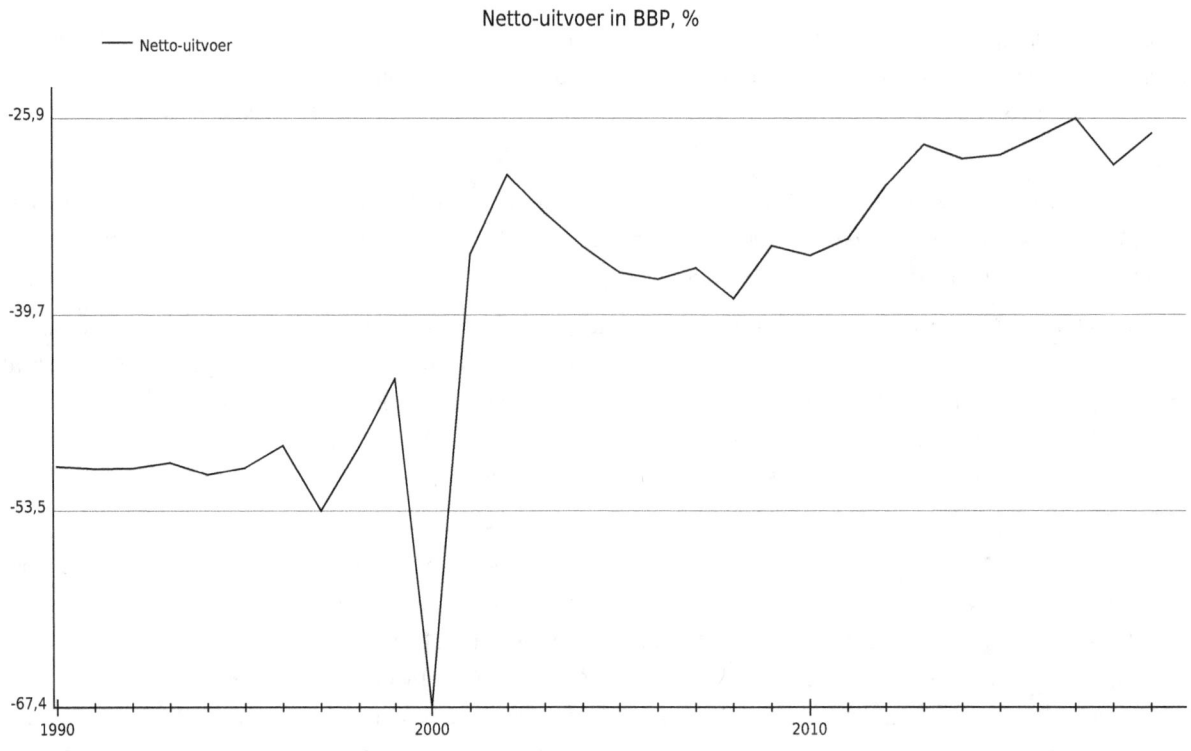

Hoofdstuk X. Uitvoer

Uitvoer van goederen en diensten

De uitvoer van Kosovo steeg van US$482,5 miljoen per jaar in de jaren 1990 tot US$1,7 miljard per jaar in de jaren 2010, dat wil zeggen met US$1,2 miljard of 3,5 keer. De verandering vond plaats op US$1,1 miljard als gevolg van een 3,1-voudige stijging van de prijzen, en ook op US$134,4 miljoen als gevolg van een 1,3-voudige toename van het tarief per hoofd , evenals op -US$77,0 miljoen als gevolg van de afname van de bevolking. De gemiddelde jaarlijkse groei van de export is -0,89%. De minimumwaarde van de export bedroeg US$249,5 miljoen in 1999. De maximumwaarde van de export bedroeg US$2,3 miljard in 2019.

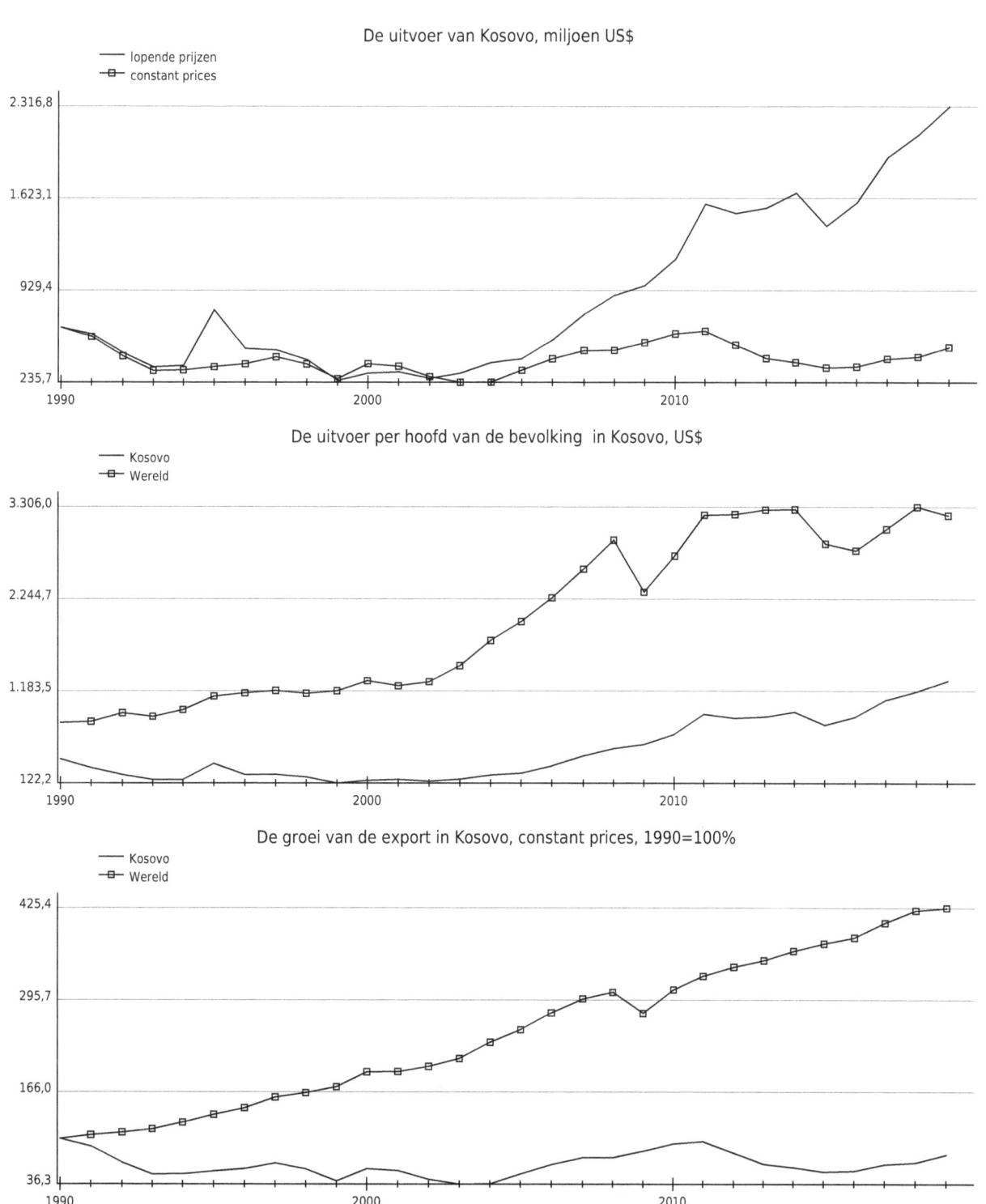

De uitvoer van Kosovo, miljoen US$

De uitvoer per hoofd van de bevolking in Kosovo, US$

De groei van de export in Kosovo, constant prices, 1990=100%

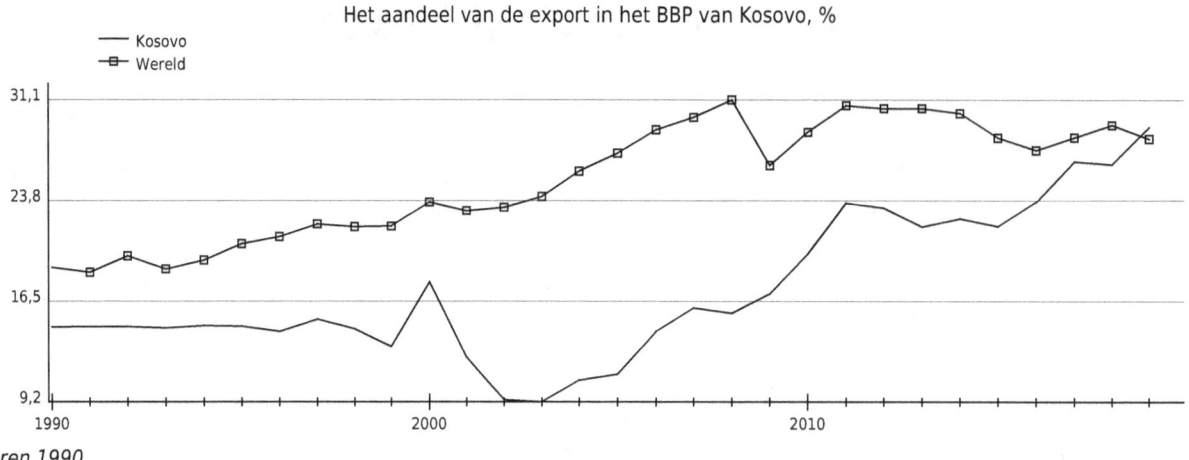

Het aandeel van de export in het BBP van Kosovo, %

de jaren 1990

De uitvoer van Kosovo bedroeg in de jaren 1990 US$482,5 miljoen per jaar, stond op de 156e plaats in de wereld, en was vergelijkbaar met Suriname (US$480,3 miljoen). Het aandeel in de wereld was 0,0082%, en 0,017% in Europa.

Het aandeel van de export in het BBP van Kosovo was 14,6% in de jaren 1990, stond op de 176e plaats in de wereld, en was vergelijkbaar met Libanon (14,5%).

De waarde van de export per hoofd in Kosovo was $230,2 in de jaren 1990s, stond op de 147e plaats in de wereld, en was vergelijkbaar met Sri Lanka (US$231,5), Mongolië (US$228,7), Georgië (US$224,9). De waarde van de export per hoofd in Kosovo was in 4,5 keer lager dan de export per hoofd van de bevolking in de wereld ($1.029,5), en was in 16,6 keer lager dan de export per hoofd van de bevolking in Europa ($1.029,5).

De groei van de export in Kosovo bedroeg -9.6% in de jaren 1990, stond op de 202e plaats in de wereld. De groei van de export in Kosovo (-9,6%) was minder dan de groei van de export in de wereld (6,9%), was minder dan de groei van de export in Europa (6,5%).

Vergelijking met buren. De waarde van de export in Kosovo was groter dan in Montenegro (US$356,0 miljoen) en in Albanië (US$293,0 miljoen); maar minder dan in Servië (US$2,5 miljard) en in Noord-Macedonië (US$869,5 miljoen). De waarde van de export per hoofd in Kosovo was groter dan in Albanië (US$92,4); maar minder dan in Montenegro (US$576,4), in Noord-Macedonië (US$435,7) en in Servië (US$258,6). De groei van de export in Kosovo was minder dan in Albanië (2,3%), in Noord-Macedonië (2,2%), in Servië (-3,4%) en in Montenegro (-4,1%).

Vergelijking met leiders. De uitvoer van Kosovo was minder dan in de Verenigde Staten (US$773,6 miljard), in Duitsland (US$509,0 miljard), in Japan (US$418,7 miljard), in Frankrijk (US$329,8 miljard) en in het Verenigd Koninkrijk (US$324,3 miljard). De uitvoer per hoofd in Kosovo was minder dan in Duitsland (US$6,3 duizend), in het Verenigd Koninkrijk (US$5,6 duizend), in Frankrijk (US$5,6 duizend), in Japan (US$3,3 duizend) en in de Verenigde Staten (US$2,9 duizend). De groei van de export in Kosovo was minder dan in de Verenigde Staten (7,2%), in Frankrijk (6,5%), in Duitsland (6,0%), in het Verenigd Koninkrijk (5,7%) en in Japan (4,2%).

de jaren 2000

De waarde van de export in Kosovo bedroeg in de jaren 2000 US$514,5 miljoen per jaar, stond op de 176e plaats in de wereld, en was vergelijkbaar met Antigua en Barbuda (US$519,8 miljoen). Het aandeel in de wereld was 0,0041%, en 0,0092% in Europa.

Het aandeel van de export in het BBP van Kosovo was 13,7% in de jaren 2000, stond op de 194e plaats in de wereld.

De waarde van de export per hoofd in Kosovo was $286,9 in de jaren 2000s, stond op de 162e plaats in de wereld, en was vergelijkbaar met Moldavië (US$290,8). De waarde van de export per hoofd in Kosovo was in 6,7 keer lager dan de export per hoofd van de bevolking in de wereld ($1.933,7), en was in 26,6 keer lager dan de export per hoofd van de bevolking in Europa ($1.933,7).

De groei van de export in Kosovo bedroeg 7.4% in de jaren 2000, stond op de 61e plaats in de wereld, en was vergelijkbaar met Guyana (7,4%), Pakistan (7,4%), Azië (7,5%). De groei van de export in Kosovo (7,4%) was groter dan de groei van de export in de wereld (4,8%), was groter dan de groei van de export in Europa (3,8%).

Vergelijking met buren. De uitvoer van Kosovo was minder dan in Servië (US$7,5 miljard), in Noord-Macedonië (US$2,2 miljard), in

Albanië (US$1,9 miljard) en in Montenegro (US$892,6 miljoen). De uitvoer per hoofd in Kosovo was minder dan in Montenegro (US$1.447,4), in Noord-Macedonië (US$1.085,2), in Servië (US$1.003,1) en in Albanië (US$605,1). De groei van de export in Kosovo was groter dan in Noord-Macedonië (3,6%); maar minder dan in Servië (14,8%), in Albanië (13,0%) en in Montenegro (10,6%).

Vergelijking met leiders. De waarde van de export in Kosovo was minder dan in de Verenigde Staten (US$1,3 biljoen), in Duitsland (US$1,0 biljoen), in China (US$780,2 miljard), in Japan (US$626,3 miljard) en in het Verenigd Koninkrijk (US$591,1 miljard). De waarde van de export per hoofd in Kosovo was minder dan in Duitsland (US$12,8 duizend), in het Verenigd Koninkrijk (US$9,8 duizend), in Japan (US$4,9 duizend), in de Verenigde Staten (US$4,5 duizend) en in China (US$588,1). De groei van de export in Kosovo was groter dan in Duitsland (5,0%), in Japan (3,5%), in de Verenigde Staten (3,3%) en in het Verenigd Koninkrijk (2,8%); maar minder dan in China (12,7%).

de jaren 2010

De uitvoer van Kosovo bedroeg in de jaren 2010 US$1,7 miljard per jaar, stond op de 164e plaats in de wereld, en was vergelijkbaar met Togo (US$1,7 miljard). Het aandeel in de wereld was 0,0074%, en 0,019% in Europa.

Het aandeel van de export in het BBP van Kosovo was 24,1% in de jaren 2010, stond op de 155e plaats in de wereld, en was vergelijkbaar met de Dominicaanse Republiek (23,9%).

De uitvoer per hoofd in Kosovo was $955,0 in de jaren 2010s, stond op de 146e plaats in de wereld, en was vergelijkbaar met de Salomonseilanden (US$960,5). De waarde van de export per hoofd in Kosovo was in 3,2 keer lager dan de export per hoofd van de bevolking in de wereld ($3.098,9), en was in 12,6 keer lager dan de export per hoofd van de bevolking in Europa ($3.098,9).

De groei van de export in Kosovo bedroeg -0.7% in de jaren 2010, stond op de 191e plaats in de wereld. De groei van de export in Kosovo (-0,66%) was minder dan de groei van de export in de wereld (4,4%), was minder dan de groei van de export in Europa (4,4%).

Vergelijking met buren. De waarde van de export in Kosovo was 11,7 keer minder dan in Servië (US$19,6 miljard), 3,3 keer minder dan in Noord-Macedonië (US$5,5 miljard), 2,3 keer minder dan in Albanië (US$3,8 miljard) en 12,3% minder dan in Montenegro (US$1,9 miljard). De waarde van de export per hoofd in Kosovo was 3,2 keer minder dan in Montenegro (US$3,1 duizend), 2,9 keer minder dan in Servië (US$2,8 duizend), 2,8 keer minder dan in Noord-Macedonië (US$2,7 duizend) en 27,7% minder dan in Albanië (US$1.321,7). De groei van de export in Kosovo was minder dan in Noord-Macedonië (11,3%), in Servië (9,1%), in Albanië (6,3%) en in Montenegro (4,5%).

Vergelijking met leiders. De waarde van de export in Kosovo was 1.363,4 keer minder dan in China (US$2,3 biljoen), 1.349,4 keer minder dan in de Verenigde Staten (US$2,3 biljoen), 1.000,7 keer minder dan in Duitsland (US$1,7 biljoen), 510,9 keer minder dan in Japan (US$859,4 miljard) en 484,6 keer minder dan in het Verenigd Koninkrijk (US$815,1 miljard). De uitvoer per hoofd in Kosovo was 21,5 keer minder dan in Duitsland (US$20,6 duizend), 13,0 keer minder dan in het Verenigd Koninkrijk (US$12,4 duizend), 7,4 keer minder dan in de Verenigde Staten (US$7,1 duizend), 7,0 keer minder dan in Japan (US$6,7 duizend) en 41,6% minder dan in China (US$1.635,3). De groei van de export in Kosovo was minder dan in China (6,8%), in Duitsland (4,7%), in Japan (4,6%), in de Verenigde Staten (3,7%) en in het Verenigd Koninkrijk (3,1%).

Hoofdstuk XI. Invoer

Invoer van goederen en diensten

De invoer van Kosovo steeg van US$2,1 miljard per jaar in de jaren 1990 tot US$3,7 miljard per jaar in de jaren 2010, dat wil zeggen met US$1,6 miljard of 74,3%. De verandering vond plaats op US$1,6 miljard als gevolg van een 1,7-voudige stijging van de prijzen, en ook op US$349,0 miljoen als gevolg van een 1,2-voudige toename van het tarief per hoofd , evenals op -US$341,1 miljoen als gevolg van de afname van de bevolking. De gemiddelde jaarlijkse groei van de invoer is -0,90%. De minimumwaarde van de invoer bedroeg US$1,1 miljard in 1999. De maximumwaarde van de invoer bedroeg US$4,5 miljard in 2019.

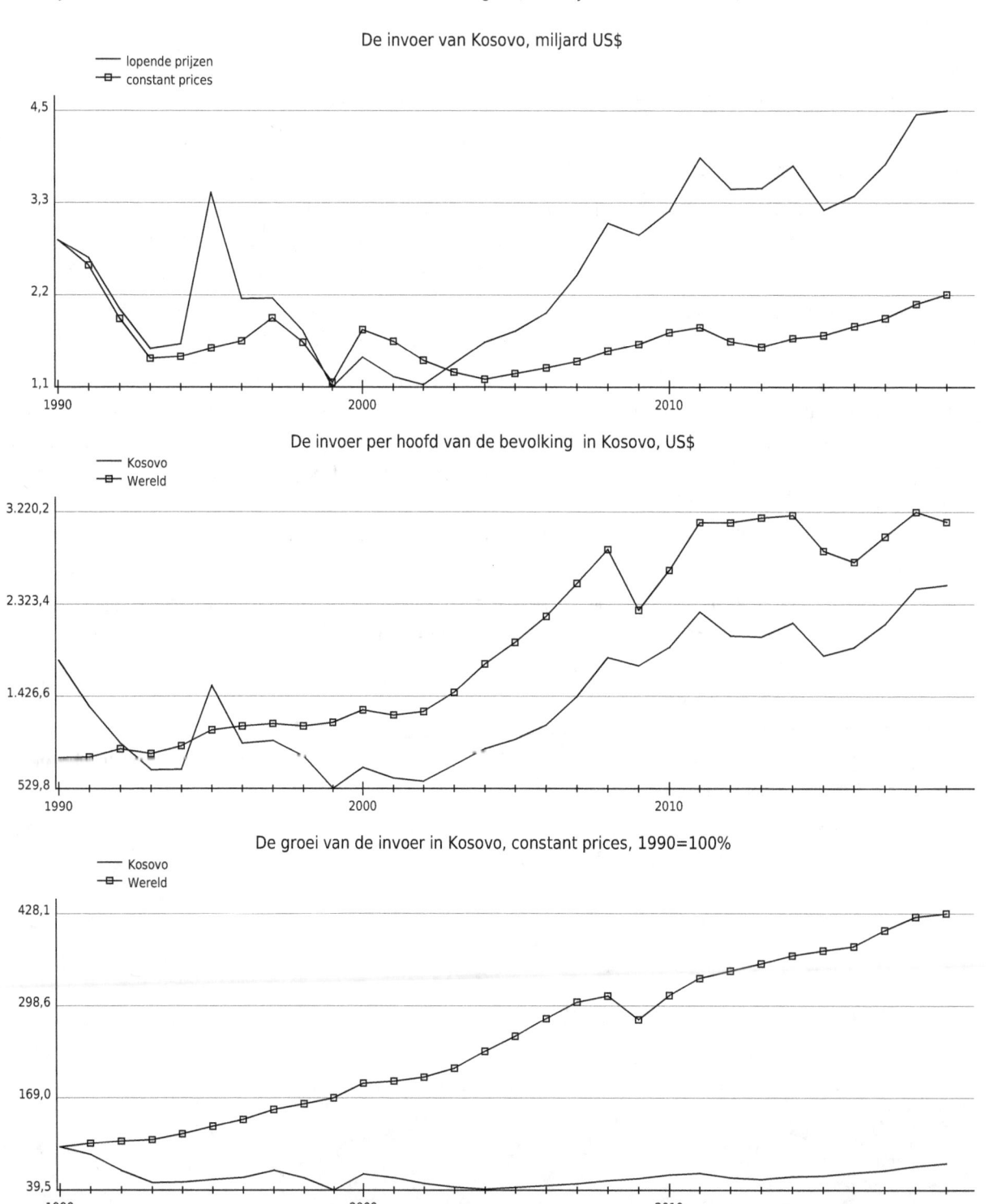

De invoer van Kosovo, miljard US$

De invoer per hoofd van de bevolking in Kosovo, US$

De groei van de invoer in Kosovo, constant prices, 1990=100%

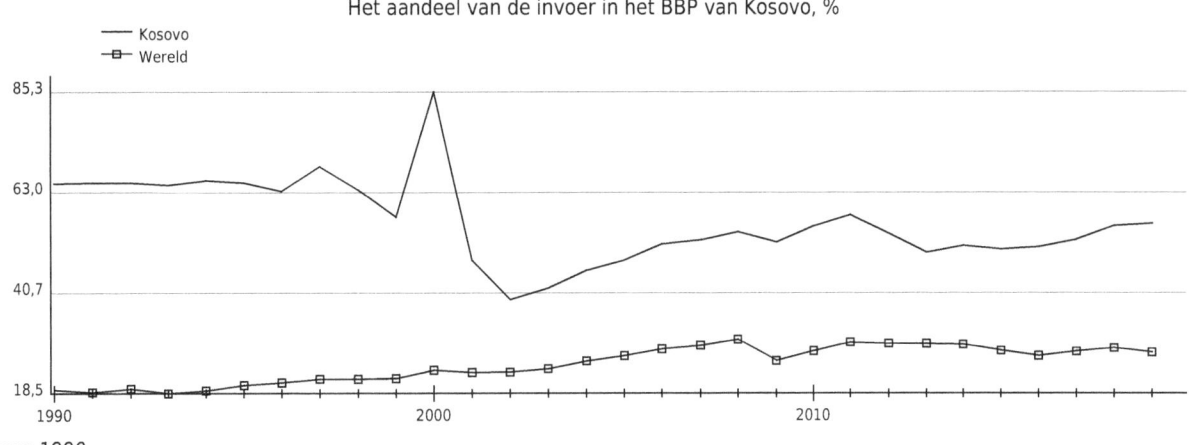

Het aandeel van de invoer in het BBP van Kosovo, %

de jaren 1990

De invoer van Kosovo bedroeg in de jaren 1990 US$2,1 miljard per jaar, stond op de 113e plaats in de wereld, en was vergelijkbaar met Brunei (US$2,1 miljard). Het aandeel in de wereld was 0,037%, en 0,080% in Europa.

Het aandeel van de invoer in het BBP van Kosovo was 64,8% in de jaren 1990, stond op de 33e plaats in de wereld.

De waarde van de invoer per hoofd in Kosovo was $1.020,0 in de jaren 1990s, stond op de 97e plaats in de wereld, en was vergelijkbaar met de Wereld (US$1.015,5), Montenegro (US$1.042,4). De waarde van de invoer per hoofd in Kosovo was 0,45% hoger dan de invoer per hoofd van de bevolking in de wereld ($1.015,5), en was in 3,6 keer lager dan de invoer per hoofd van de bevolking in Europa ($1.015,5).

De groei van de invoer in Kosovo bedroeg -9.8% in de jaren 1990, stond op de 199e plaats in de wereld. De groei van de invoer in Kosovo (-9,8%) was minder dan de groei van de invoer in de wereld (6,6%), was minder dan de groei van de invoer in Europa (5,9%).

Vergelijking met buren. De waarde van de invoer in Kosovo was groter dan in Noord-Macedonië (US$1,2 miljard), in Albanië (US$914,0 miljoen) en in Montenegro (US$643,8 miljoen); maar minder dan in Servië (US$3,8 miljard). De invoer per hoofd in Kosovo was groter dan in Noord-Macedonië (US$602,9), in Servië (US$394,0) en in Albanië (US$288,3); maar minder dan in Montenegro (US$1.042,4). De groei van de invoer in Kosovo was groter dan in Servië (-10,0%); maar minder dan in Albanië (16,3%), in Noord-Macedonië (3,1%) en in Montenegro (-3,8%).

Vergelijking met leiders. De invoer van Kosovo was minder dan in de Verenigde Staten (US$874,1 miljard), in Duitsland (US$501,6 miljard), in Japan (US$355,9 miljard), in het Verenigd Koninkrijk (US$330,2 miljard) en in Frankrijk (US$308,5 miljard). De waarde van de invoer per hoofd in Kosovo was minder dan in Duitsland (US$6,2 duizend), in het Verenigd Koninkrijk (US$5,7 duizend), in Frankrijk (US$5,2 duizend), in de Verenigde Staten (US$3,3 duizend) en in Japan (US$2,8 duizend). De groei van de invoer in Kosovo was minder dan in de Verenigde Staten (8,3%), in Duitsland (6,4%), in Frankrijk (5,1%), in het Verenigd Koninkrijk (5,1%) en in Japan (3,3%).

de jaren 2000

De invoer van Kosovo bedroeg in de jaren 2000 US$1,9 miljard per jaar, stond op de 146e plaats in de wereld, en was vergelijkbaar met Liechtenstein (US$1,9 miljard), Kirgizië (US$1,9 miljard), Haïti (US$1,9 miljard). Het aandeel in de wereld was 0,015%, en 0,036% in Europa.

Het aandeel van de invoer in het BBP van Kosovo was 50,7% in de jaren 2000, stond op de 85e plaats in de wereld, en was vergelijkbaar met de Verenigde Arabische Emiraten (50,6%), Suriname (50,9%).

De invoer per hoofd in Kosovo was $1.058,9 in de jaren 2000s, stond op de 123e plaats in de wereld, en was vergelijkbaar met Kiribati (US$1.053,5), Congo (US$1.040,1), Melanesië (US$1.083,4). De waarde van de invoer per hoofd in Kosovo was 44,3% lager dan de invoer per hoofd van de bevolking in de wereld ($1.899,9), en was in 6,9 keer lager dan de invoer per hoofd van de bevolking in Europa ($1.899,9).

De groei van de invoer in Kosovo bedroeg 3.5% in de jaren 2000, stond op de 130e plaats in de wereld, en was vergelijkbaar met Frankrijk (3,5%), Nauru (3,5%), Amerika (3,5%). De groei van de invoer in Kosovo (3,5%) was minder dan de groei van de invoer in de wereld (5,1%), was minder dan de groei van de invoer in Europa (4,0%).

Vergelijking met buren. De invoer van Kosovo was groter dan in Montenegro (US$1,7 miljard); maar minder dan in Servië (US$12,7 miljard), in Albanië (US$3,8 miljard) en in Noord-Macedonië (US$3,4 miljard). De invoer per hoofd in Kosovo was minder dan in Montenegro (US$2,8 duizend), in Servië (US$1.702,0), in Noord-Macedonië (US$1.661,8) en in Albanië (US$1.233,5). De groei van de invoer in Kosovo was minder dan in Servië (17,6%), in Albanië (11,2%), in Montenegro (10,6%) en in Noord-Macedonië (6,1%).

Vergelijking met leiders. De waarde van de invoer in Kosovo was minder dan in de Verenigde Staten (US$1,9 biljoen), in Duitsland (US$914,7 miljard), in het Verenigd Koninkrijk (US$641,8 miljard), in China (US$641,1 miljard) en in Japan (US$566,4 miljard). De invoer per hoofd in Kosovo was groter dan in China (US$483,3); maar minder dan in Duitsland (US$11,2 duizend), in het Verenigd Koninkrijk (US$10,6 duizend), in de Verenigde Staten (US$6,4 duizend) en in Japan (US$4,4 duizend). De groei van de invoer in Kosovo was groter dan in het Verenigd Koninkrijk (3,1%), in de Verenigde Staten (2,8%) en in Japan (1,8%); maar minder dan in China (15,1%) en in Duitsland (3,7%).

de jaren 2010

De waarde van de invoer in Kosovo bedroeg in de jaren 2010 US$3,7 miljard per jaar, stond op de 148e plaats in de wereld, en was vergelijkbaar met Djibouti (US$3,7 miljard). Het aandeel in de wereld was 0,017%, en 0,045% in Europa.

Het aandeel van de invoer in het BBP van Kosovo was 53,4% in de jaren 2010, stond op de 82e plaats in de wereld, en was vergelijkbaar met Tadzjikistan (53,2%), Congo-Brazzaville (53,2%), Oekraïne (53,7%).

De waarde van de invoer per hoofd in Kosovo was $2.115,6 in de jaren 2010s, stond op de 120e plaats in de wereld, en was vergelijkbaar met Albanië (US$2,1 duizend), Kaapverdië (US$2,1 duizend), Tunesië (US$2,2 duizend). De invoer per hoofd in Kosovo was 29,8% lager dan de invoer per hoofd van de bevolking in de wereld ($3.015,6), en was in 5,3 keer lager dan de invoer per hoofd van de bevolking in Europa ($3.015,6).

De groei van de invoer in Kosovo bedroeg 3.3% in de jaren 2010, stond op de 132e plaats in de wereld, en was vergelijkbaar met Nicaragua (3,3%), Finland (3,3%). De groei van de invoer in Kosovo (3,3%) was minder dan de groei van de invoer in de wereld (4,4%), was minder dan de groei van de invoer in Europa (4,3%).

Vergelijking met buren. De waarde van de invoer in Kosovo was 26,7% groter dan in Montenegro (US$2,9 miljard); maar 6,4 keer minder dan in Servië (US$23,8 miljard), 49,0% minder dan in Noord-Macedonië (US$7,3 miljard) en 38,9% minder dan in Albanië (US$6,1 miljard). De waarde van de invoer per hoofd in Kosovo was 0,73% groter dan in Albanië (US$2,1 duizend); maar 2,2 keer minder dan in Montenegro (US$4,7 duizend), 39,9% minder dan in Noord-Macedonië (US$3,5 duizend) en 36,8% minder dan in Servië (US$3,3 duizend). De groei van de invoer in Kosovo was groter dan in Albanië (1,9%); maar minder dan in Noord-Macedonië (8,7%), in Servië (6,1%) en in Montenegro (3,5%).

Vergelijking met leiders. De invoer van Kosovo was 756,1 keer minder dan in de Verenigde Staten (US$2,8 biljoen), 555,3 keer minder dan in China (US$2,1 biljoen), 390,4 keer minder dan in Duitsland (US$1,5 biljoen), 235,6 keer minder dan in Japan (US$877,9 miljard) en 229,4 keer minder dan in het Verenigd Koninkrijk (US$854,8 miljard). De invoer per hoofd in Kosovo was 43,4% groter dan in China (US$1.475,4); maar 0,4 keer minder dan in Duitsland (US$17,8 duizend), 6,2 keer minder dan in het Verenigd Koninkrijk (US$13,0 duizend), 4,2 keer minder dan in de Verenigde Staten (US$8,8 duizend) en 3,2 keer minder dan in Japan (US$6,9 duizend). De groei van de invoer in Kosovo was minder dan in China (8,2%), in Duitsland (4,8%), in de Verenigde Staten (4,4%), in Japan (3,8%) en in het Verenigd Koninkrijk (3,6%).

Part IV. Verbruik

Hoofdstuk XII. Overheidsuitgaven

Consumptie-uitgaven van de overheid

De overheidsuitgaven van Kosovo steeg van US$1,0 miljard per jaar in de jaren 1990 tot US$1,1 miljard per jaar in de jaren 2010, dat wil zeggen met US$26,4 miljoen of 2,5%. De verandering vond plaats op US$439,5 miljoen als gevolg van een 1,7-voudige stijging van de prijzen, en ook op -US$246,9 miljoen als gevolg van een 1,4-voudige afname van het tarief per hoofd , evenals op -US$166,2 miljoen als gevolg van de afname van de bevolking. De gemiddelde jaarlijkse groei van de overheidsuitgaven is -3,0%. De maximumwaarde van de overheidsuitgaven bedroeg US$1,7 miljard in 1995. De minimumwaarde van de overheidsuitgaven bedroeg US$569,6 miljoen in 1999.

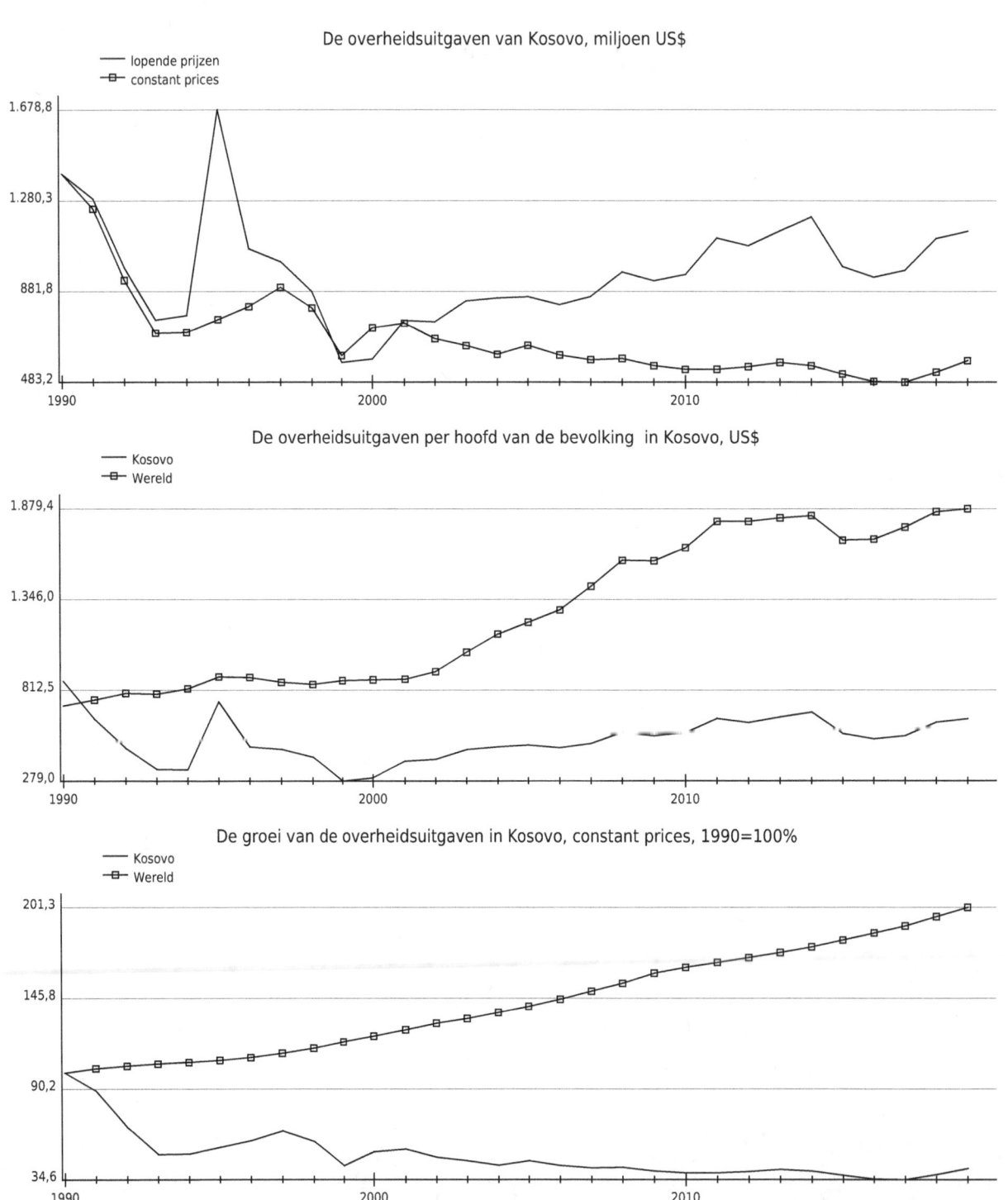

De overheidsuitgaven van Kosovo, miljoen US$

De overheidsuitgaven per hoofd van de bevolking in Kosovo, US$

De groei van de overheidsuitgaven in Kosovo, constant prices, 1990=100%

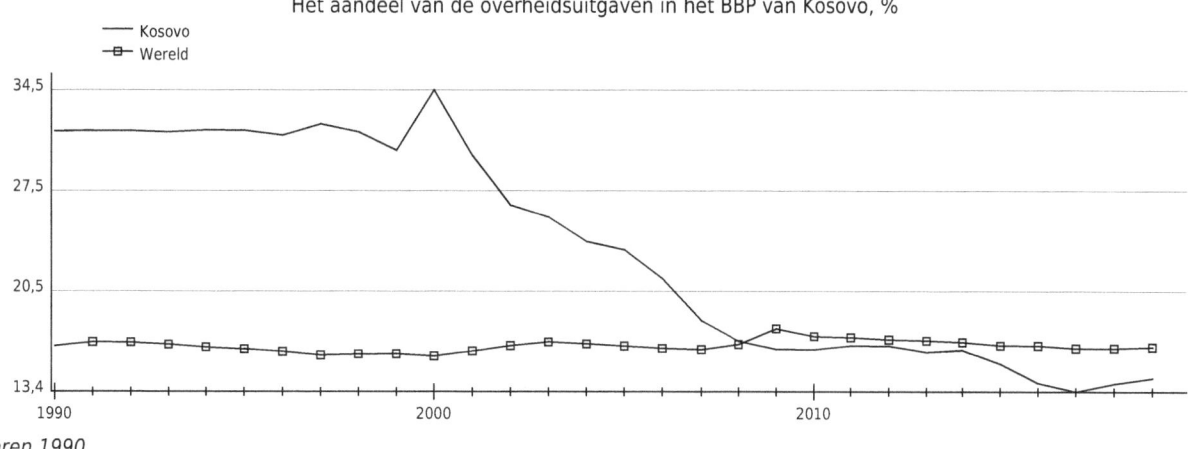

Het aandeel van de overheidsuitgaven in het BBP van Kosovo, %

de jaren 1990

De overheidsuitgaven van Kosovo bedroeg in de jaren 1990 US$1,0 miljard per jaar, stond op de 98e plaats in de wereld, en was vergelijkbaar met Sri Lanka (US$1,0 miljard). Het aandeel in de wereld was 0,022%, en 0,055% in Europa.

Het aandeel van de overheidsuitgaven in het BBP van Kosovo was 31,6% in de jaren 1990, stond op de 18e plaats in de wereld, en was vergelijkbaar met Qatar (31,9%).

De overheidsuitgaven per hoofd in Kosovo was $496,9 in de jaren 1990s, stond op de 87e plaats in de wereld, en was vergelijkbaar met Saint Vincent en de Grenadines (US$494,5), Servië (US$490,5), Rusland (US$504,2). De overheidsuitgaven per hoofd in Kosovo was 39,8% lager dan de overheidsuitgaven per hoofd van de bevolking in de wereld ($824,8), en was in 5,3 keer lager dan de overheidsuitgaven per hoofd van de bevolking in Europa ($824,8).

De groei van de overheidsuitgaven in Kosovo bedroeg -9% in de jaren 1990, stond op de 199e plaats in de wereld. De groei van de overheidsuitgaven in Kosovo (-9,0%) was minder dan de groei van de overheidsuitgaven in de wereld (2,0%), was minder dan de groei van de overheidsuitgaven in Europa (1,3%).

Vergelijking met buren. De overheidsuitgaven van Kosovo was groter dan in Noord-Macedonië (US$643,5 miljoen), in Albanië (US$284,6 miljoen) en in Montenegro (US$194,6 miljoen); maar minder dan in Servië (US$4,7 miljard). De overheidsuitgaven per hoofd in Kosovo was groter dan in Servië (US$490,5), in Noord-Macedonië (US$322,5), in Montenegro (US$315,1) en in Albanië (US$89,8). De groei van de overheidsuitgaven in Kosovo was minder dan in Albanië (19,0%), in Noord-Macedonië (-0,58%), in Montenegro (-4,2%) en in Servië (-5,8%).

Vergelijking met leiders. De overheidsuitgaven van Kosovo was minder dan in de Verenigde Staten (US$1,1 biljoen), in Japan (US$651,8 miljard), in Duitsland (US$419,6 miljard), in Frankrijk (US$325,4 miljard) en in het Verenigd Koninkrijk (US$234,6 miljard). De overheidsuitgaven per hoofd in Kosovo was minder dan in Frankrijk (US$5,5 duizend), in Duitsland (US$5,2 duizend), in Japan (US$5,2 duizend), in de Verenigde Staten (US$4,3 duizend) en in het Verenigd Koninkrijk (US$4,1 duizend). De groei van de overheidsuitgaven in Kosovo was minder dan in Japan (3,0%), in Duitsland (2,4%), in het Verenigd Koninkrijk (2,1%), in Frankrijk (1,8%) en in de Verenigde Staten (1,3%).

de jaren 2000

De overheidsuitgaven van Kosovo bedroeg in de jaren 2000 US$821,4 miljoen per jaar, stond op de 136e plaats in de wereld, en was vergelijkbaar met Zambia (US$814,8 miljoen), Albanië (US$828,9 miljoen). Het aandeel in de wereld was 0,011%, en 0,027% in Europa.

Het aandeel van de overheidsuitgaven in het BBP van Kosovo was 21,9% in de jaren 2000, stond op de 33e plaats in de wereld, en was vergelijkbaar met Bosnië en Herzegovina (22,1%), Namibië (22,1%), Saoedi-Arabië (22,1%).

De overheidsuitgaven per hoofd in Kosovo was $458,0 in de jaren 2000s, stond op de 119e plaats in de wereld, en was vergelijkbaar met Tonga (US$460,1), Kazachstan (US$454,3), Jordanië (US$463,9). De overheidsuitgaven per hoofd in Kosovo was in 2,6 keer lager dan de overheidsuitgaven per hoofd van de bevolking in de wereld ($1.200,9), en was in 9,1 keer lager dan de overheidsuitgaven per hoofd van de bevolking in Europa ($1.200,9).

De groei van de overheidsuitgaven in Kosovo bedroeg -0.8% in de jaren 2000, stond op de 202e plaats in de wereld. De groei van de overheidsuitgaven in Kosovo (-0,77%) was minder dan de groei van de overheidsuitgaven in de wereld (3,1%), was minder dan de groei van de overheidsuitgaven in Europa (2,1%).

Vergelijking met buren. De overheidsuitgaven van Kosovo was groter dan in Montenegro (US$496,0 miljoen); maar minder dan in Servië (US$6,0 miljard), in Noord-Macedonië (US$1,1 miljard) en in Albanië (US$828,9 miljoen). De overheidsuitgaven per hoofd in Kosovo was groter dan in Albanië (US$269,4); maar minder dan in Servië (US$813,0), in Montenegro (US$804,2) en in Noord-Macedonië (US$555,5). De groei van de overheidsuitgaven in Kosovo was minder dan in Montenegro (8,3%), in Servië (4,8%), in Albanië (2,1%) en in Noord-Macedonië (1,4%).

Vergelijking met leiders. De overheidsuitgaven van Kosovo was minder dan in de Verenigde Staten (US$1,9 biljoen), in Japan (US$844,2 miljard), in Duitsland (US$520,1 miljard), in Frankrijk (US$479,9 miljard) en in het Verenigd Koninkrijk (US$453,4 miljard). De overheidsuitgaven per hoofd in Kosovo was minder dan in Frankrijk (US$7,6 duizend), in het Verenigd Koninkrijk (US$7,5 duizend), in Japan (US$6,6 duizend), in de Verenigde Staten (US$6,5 duizend) en in Duitsland (US$6,4 duizend). De groei van de overheidsuitgaven in Kosovo was minder dan in het Verenigd Koninkrijk (2,9%), in de Verenigde Staten (2,2%), in Japan (1,7%), in Frankrijk (1,7%) en in Duitsland (1,4%).

de jaren 2010

De overheidsuitgaven van Kosovo bedroeg in de jaren 2010 US$1,1 miljard per jaar, stond op de 151e plaats in de wereld. Het aandeel in de wereld was 0,0082%, en 0,025% in Europa.

Het aandeel van de overheidsuitgaven in het BBP van Kosovo was 15,3% in de jaren 2010, stond op de 120e plaats in de wereld, en was vergelijkbaar met Noord-Amerika (15,3%), Moldavië (15,3%), Zuid-Korea (15,3%).

De overheidsuitgaven per hoofd in Kosovo was $606,3 in de jaren 2010s, stond op de 134e plaats in de wereld, en was vergelijkbaar met Turkmenistan (US$604,3), Paraguay (US$599,8), Kaapverdië (US$618,9). De overheidsuitgaven per hoofd in Kosovo was in 2,9 keer lager dan de overheidsuitgaven per hoofd van de bevolking in de wereld ($1.785,1), en was in 9,4 keer lager dan de overheidsuitgaven per hoofd van de bevolking in Europa ($1.785,1).

De groei van de overheidsuitgaven in Kosovo bedroeg 0.4% in de jaren 2010, stond op de 173e plaats in de wereld, en was vergelijkbaar met Cuba (0,39%). De groei van de overheidsuitgaven in Kosovo (0,39%) was minder dan de groei van de overheidsuitgaven in de wereld (2,3%), was minder dan de groei van de overheidsuitgaven in Europa (0,99%).

Vergelijking met buren. De overheidsuitgaven van Kosovo was 18,3% groter dan in Montenegro (US$902,7 miljoen); maar 7,5 keer minder dan in Servië (US$8,0 miljard), 41,0% minder dan in Noord-Macedonië (US$1,8 miljard) en 26,7% minder dan in Albanië (US$1,5 miljard). De overheidsuitgaven per hoofd in Kosovo was 20,7% groter dan in Albanië (US$502,4); maar 2,4 keer minder dan in Montenegro (US$1.440,6), 45,9% minder dan in Servië (US$1.120,3) en 30,3% minder dan in Noord-Macedonië (US$870,4). De groei van de overheidsuitgaven in Kosovo was minder dan in Albanië (2,4%), in Montenegro (1,3%), in Noord-Macedonië (0,60%) en in Servië (0,55%).

Vergelijking met leiders. De overheidsuitgaven van Kosovo was 2.484,8 keer minder dan in de Verenigde Staten (US$2,7 biljoen), 1.572,5 keer minder dan in China (US$1,7 biljoen), 976,7 keer minder dan in Japan (US$1,0 biljoen), 675,8 keer minder dan in Duitsland (US$721,6 miljard) en 597,4 keer minder dan in Frankrijk (US$637,9 miljard). De overheidsuitgaven per hoofd in Kosovo was 15,9 keer minder dan in Frankrijk (US$9,6 duizend), 14,5 keer minder dan in Duitsland (US$8,8 duizend), 13,7 keer minder dan in de Verenigde Staten (US$8,3 duizend), 13,4 keer minder dan in Japan (US$8,2 duizend) en 49,4% minder dan in China (US$1.197,3). De groei van de overheidsuitgaven in Kosovo was groter dan in de Verenigde Staten (0,0052%); maar minder dan in China (8,3%), in Duitsland (1,9%), in Japan (1,3%) en in Frankrijk (1,3%).

Hoofdstuk XIII. Huishoudelijke uitgaven

Consumptieve bestedingen van de huishoudens

De huishoudelijke uitgaven van Kosovo steeg van US$3,0 miljard per jaar in de jaren 1990 tot US$5,9 miljard per jaar in de jaren 2010, dat wil zeggen met US$2,9 miljard of 95,0%. De verandering vond plaats op US$1,0 miljard als gevolg van een 1,2-voudige stijging van de prijzen, en ook op US$2,3 miljard als gevolg van een 1,9-voudige toename van het tarief per hoofd , evenals op -US$484,5 miljoen als gevolg van de afname van de bevolking. De gemiddelde jaarlijkse groei van de huishoudelijke uitgaven is 0,70%. De minimumwaarde van de huishoudelijke uitgaven bedroeg US$1,7 miljard in 1999. De maximumwaarde van de huishoudelijke uitgaven bedroeg US$6,8 miljard in 2018.

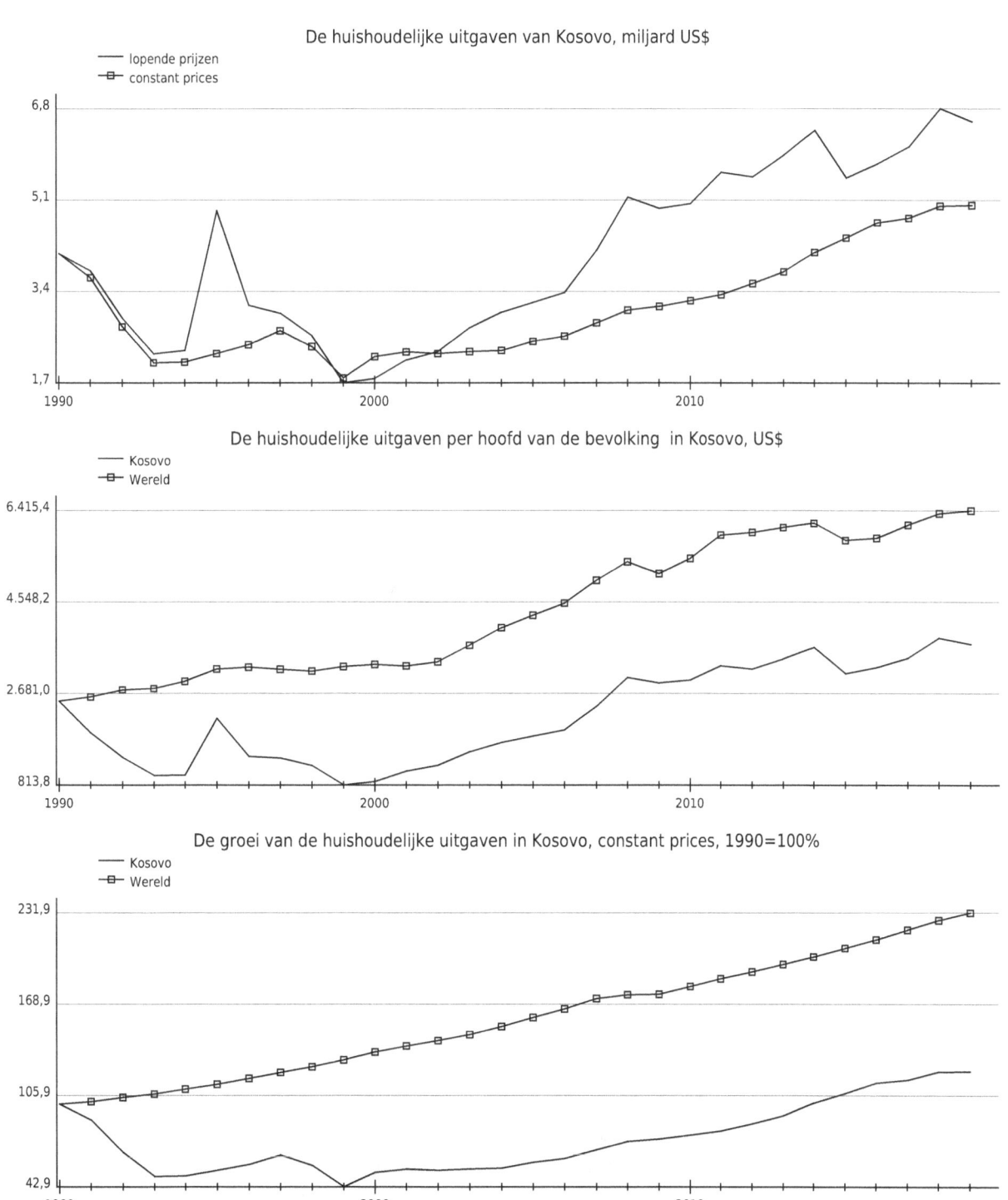

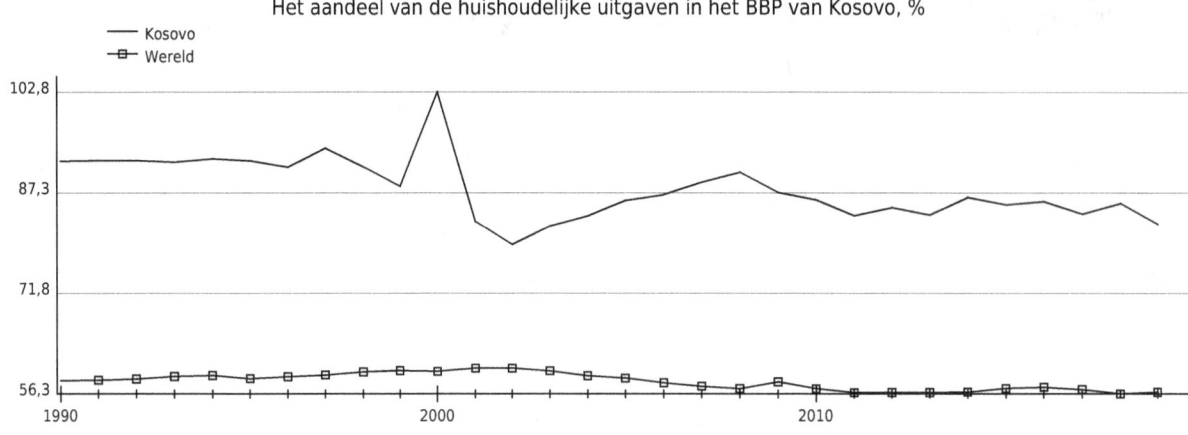

Het aandeel van de huishoudelijke uitgaven in het BBP van Kosovo, %

de jaren 1990

De huishoudelijke uitgaven van Kosovo bedroeg in de jaren 1990 US$3,0 miljard per jaar, stond op de 118e plaats in de wereld, en was vergelijkbaar met Palestina (US$3,0 miljard), Azerbeidzjan (US$3,1 miljard), Trinidad en Tobago (US$3,1 miljard). Het aandeel in de wereld was 0,018%, en 0,054% in Europa.

Het aandeel van de huishoudelijke uitgaven in het BBP van Kosovo was 92,0% in de jaren 1990, stond op de 10e plaats in de wereld, en was vergelijkbaar met Cambodja (91,5%).

De huishoudelijke uitgaven per hoofd in Kosovo was $1.449,0 in de jaren 1990s, stond op de 101e plaats in de wereld, en was vergelijkbaar met Fiji (US$1.454,1), de Federale Staten van Micronesië (US$1.464,4), Swaziland (US$1.426,8). De huishoudelijke uitgaven per hoofd in Kosovo was in 2,0 keer lager dan de huishoudelijke uitgaven per hoofd van de bevolking in de wereld ($2.963,9), en was in 5,3 keer lager dan de huishoudelijke uitgaven per hoofd van de bevolking in Europa ($2.963,9).

De groei van de huishoudelijke uitgaven in Kosovo bedroeg -9% in de jaren 1990, stond op de 202e plaats in de wereld, en was vergelijkbaar met Kirgizië (-9,0%). De groei van de huishoudelijke uitgaven in Kosovo (-9,0%) was minder dan de groei van de huishoudelijke uitgaven in de wereld (3,0%), was minder dan de groei van de huishoudelijke uitgaven in Europa (1,8%).

Vergelijking met buren. De huishoudelijke uitgaven van Kosovo was groter dan in Noord-Macedonië (US$2,6 miljard), in Albanië (US$2,3 miljard) en in Montenegro (US$1,0 miljard); maar minder dan in Servië (US$17,8 miljard). De huishoudelijke uitgaven per hoofd in Kosovo was groter dan in Noord-Macedonië (US$1.302,7) en in Albanië (US$712,4); maar minder dan in Servië (US$1.868,2) en in Montenegro (US$1.688,7). De groei van de huishoudelijke uitgaven in Kosovo was minder dan in Noord-Macedonië (1,8%), in Albanië (1,6%), in Montenegro (-4,5%) en in Servië (-8,0%).

Vergelijking met leiders. De huishoudelijke uitgaven van Kosovo was minder dan in de Verenigde Staten (US$4,9 biljoen), in Japan (US$2,3 biljoen), in Duitsland (US$1,2 biljoen), in het Verenigd Koninkrijk (US$884,5 miljard) en in Frankrijk (US$783,0 miljard). De huishoudelijke uitgaven per hoofd in Kosovo was minder dan in de Verenigde Staten (US$18,5 duizend), in Japan (US$18,2 duizend), in het Verenigd Koninkrijk (US$15,3 duizend), in Duitsland (US$15,2 duizend) en in Frankrijk (US$13,2 duizend). De groei van de huishoudelijke uitgaven in Kosovo was minder dan in de Verenigde Staten (3,4%), in het Verenigd Koninkrijk (2,8%), in Duitsland (2,1%), in Japan (1,8%) en in Frankrijk (1,8%).

de jaren 2000

De huishoudelijke uitgaven van Kosovo bedroeg in de jaren 2000 US$3,3 miljard per jaar, stond op de 143e plaats in de wereld, en was vergelijkbaar met Frans-Polynesië (US$3,3 miljard), Moldavië (US$3,3 miljard), Niger (US$3,3 miljard). Het aandeel in de wereld was 0,012%, en 0,037% in Europa.

Het aandeel van de huishoudelijke uitgaven in het BBP van Kosovo was 86,8% in de jaren 2000, stond op de 23e plaats in de wereld, en was vergelijkbaar met Malawi (87,2%), El Salvador (87,2%), Zimbabwe (87,4%).

De huishoudelijke uitgaven per hoofd in Kosovo was $1.812,6 in de jaren 2000s, stond op de 121e plaats in de wereld, en was vergelijkbaar met Libië (US$1.778,3). De huishoudelijke uitgaven per hoofd in Kosovo was in 2,3 keer lager dan de huishoudelijke uitgaven per hoofd van de bevolking in de wereld ($4.208,2), en was in 6,6 keer lager dan de huishoudelijke uitgaven per hoofd van de bevolking in Europa ($4.208,2).

De groei van de huishoudelijke uitgaven in Kosovo bedroeg 5.9% in de jaren 2000, stond op de 51e plaats in de wereld, en was vergelijkbaar met Suriname (5,8%), de Dominicaanse Republiek (5,8%), Gambia (5,9%). De groei van de huishoudelijke uitgaven in Kosovo (5,9%) was groter dan de groei van de huishoudelijke uitgaven in de wereld (3,0%), was groter dan de groei van de huishoudelijke uitgaven in Europa (2,0%).

Vergelijking met buren. De huishoudelijke uitgaven van Kosovo was groter dan in Montenegro (US$2,2 miljard); maar minder dan in Servië (US$21,7 miljard), in Albanië (US$6,2 miljard) en in Noord-Macedonië (US$4,9 miljard). De huishoudelijke uitgaven per hoofd in Kosovo was minder dan in Montenegro (US$3,5 duizend), in Servië (US$2,9 duizend), in Noord-Macedonië (US$2,4 duizend) en in Albanië (US$2,0 duizend). De groei van de huishoudelijke uitgaven in Kosovo was groter dan in Servië (5,2%), in Montenegro (4,8%) en in Noord-Macedonië (4,3%); maar minder dan in Albanië (6,4%).

Vergelijking met leiders. De huishoudelijke uitgaven van Kosovo was minder dan in de Verenigde Staten (US$8,5 biljoen), in Japan (US$2,6 biljoen), in Duitsland (US$1,5 biljoen), in het Verenigd Koninkrijk (US$1,5 biljoen) en in Frankrijk (US$1,1 biljoen). De huishoudelijke uitgaven per hoofd in Kosovo was minder dan in de Verenigde Staten (US$28,8 duizend), in het Verenigd Koninkrijk (US$25,0 duizend), in Japan (US$20,4 duizend), in Duitsland (US$18,9 duizend) en in Frankrijk (US$18,1 duizend). De groei van de huishoudelijke uitgaven in Kosovo was groter dan in de Verenigde Staten (2,4%), in het Verenigd Koninkrijk (2,1%), in Frankrijk (2,0%), in Japan (0,81%) en in Duitsland (0,46%).

de jaren 2010

De huishoudelijke uitgaven van Kosovo bedroeg in de jaren 2010 US$5,9 miljard per jaar, stond op de 145e plaats in de wereld. Het aandeel in de wereld was 0,013%, en 0,051% in Europa.

Het aandeel van de huishoudelijke uitgaven in het BBP van Kosovo was 84,9% in de jaren 2010, stond op de 23e plaats in de wereld, en was vergelijkbaar met de Centraal-Afrikaanse Republiek (84,9%), Zuid-Soedan (85,0%), Guatemala (85,0%).

De huishoudelijke uitgaven per hoofd in Kosovo was $3.362,6 in de jaren 2010s, stond op de 115e plaats in de wereld, en was vergelijkbaar met Belize (US$3,4 duizend), Fiji (US$3,3 duizend). De huishoudelijke uitgaven per hoofd in Kosovo was 44,1% lager dan de huishoudelijke uitgaven per hoofd van de bevolking in de wereld ($6.018,5), en was in 4,6 keer lager dan de huishoudelijke uitgaven per hoofd van de bevolking in Europa ($6.018,5).

De groei van de huishoudelijke uitgaven in Kosovo bedroeg 4.9% in de jaren 2010, stond op de 43e plaats in de wereld, en was vergelijkbaar met Burkina Faso (4,9%), Azië (4,9%), Pakistan (4,9%). De groei van de huishoudelijke uitgaven in Kosovo (4,9%) was groter dan de groei van de huishoudelijke uitgaven in de wereld (2,8%), was groter dan de groei van de huishoudelijke uitgaven in Europa (1,3%).

Vergelijking met buren. De huishoudelijke uitgaven van Kosovo was 65,2% groter dan in Montenegro (US$3,6 miljard); maar 5,6 keer minder dan in Servië (US$33,0 miljard), 42,7% minder dan in Albanië (US$10,3 miljard) en 22,0% minder dan in Noord-Macedonië (US$7,6 miljard). De huishoudelijke uitgaven per hoofd in Kosovo was 41,2% minder dan in Montenegro (US$5,7 duizend), 27,5% minder dan in Servië (US$4,6 duizend), 7,9% minder dan in Noord-Macedonië (US$3,7 duizend) en 5,5% minder dan in Albanië (US$3,6 duizend). De groei van de huishoudelijke uitgaven in Kosovo was groter dan in Montenegro (2,2%), in Noord-Macedonië (2,1%), in Albanië (2,1%) en in Servië (0,73%).

Vergelijking met leiders. De huishoudelijke uitgaven van Kosovo was 2.058,7 keer minder dan in de Verenigde Staten (US$12,2 biljoen), 663,5 keer minder dan in China (US$3,9 biljoen), 504,4 keer minder dan in Japan (US$3,0 biljoen), 330,7 keer minder dan in Duitsland (US$2,0 biljoen) en 300,9 keer minder dan in het Verenigd Koninkrijk (US$1,8 biljoen). De huishoudelijke uitgaven per hoofd in Kosovo was 20,0% groter dan in China (US$2,8 duizend); maar 11,3 keer minder dan in de Verenigde Staten (US$38,2 duizend), 8,1 keer minder dan in het Verenigd Koninkrijk (US$27,2 duizend), 7,1 keer minder dan in Duitsland (US$23,9 duizend) en 6,9 keer minder dan in Japan (US$23,4 duizend). De groei van de huishoudelijke uitgaven in Kosovo was groter dan in de Verenigde Staten (2,4%), in het Verenigd Koninkrijk (1,8%), in Duitsland (1,4%) en in Japan (0,64%); maar minder dan in China (8,3%).

Part V. Reproductie

Index van Koesjnir, (-) consumptie - (+) reproductie

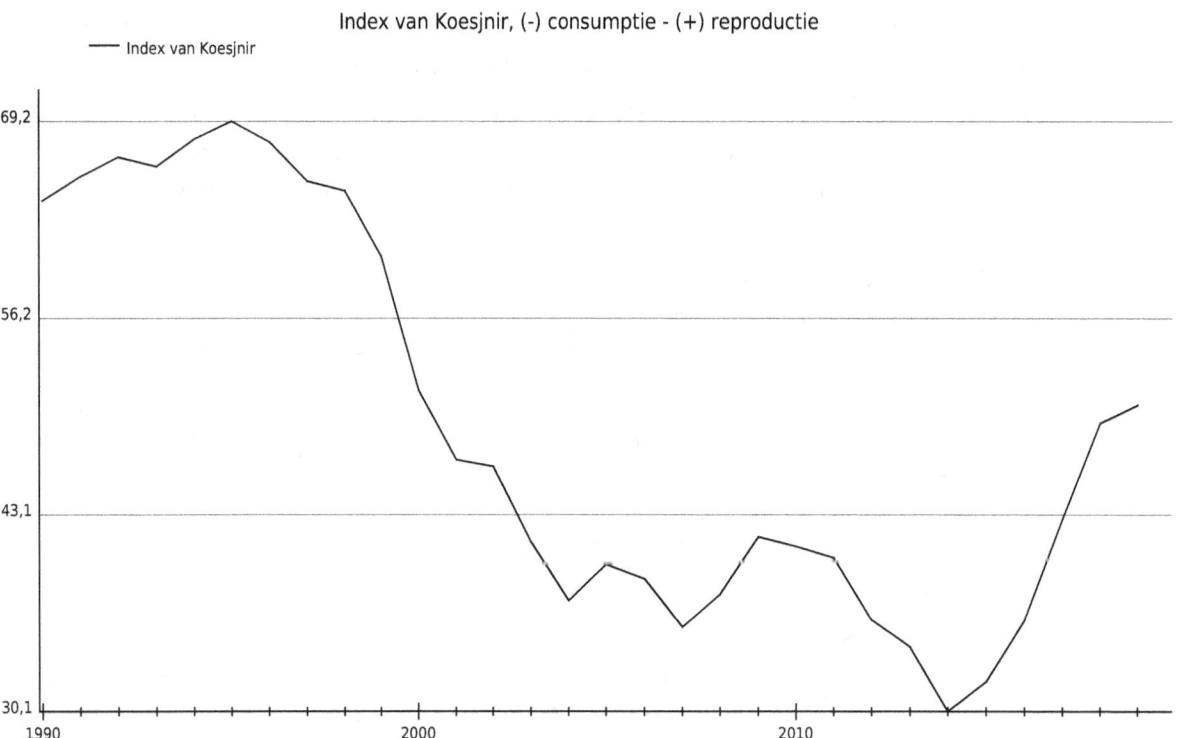

Hoofdstuk XIV. Bruto-investeringen in vaste activa

De bruto-investeringen in vaste activa van Kosovo steeg van US$878,0 miljoen per jaar in de jaren 1990 tot US$1,9 miljard per jaar in de jaren 2010, dat wil zeggen met US$1,0 miljard of 2,1 keer. De verandering vond plaats op US$709,3 miljoen als gevolg van een 1,6-voudige stijging van de prijzen, en ook op US$430,9 miljoen als gevolg van een 1,6-voudige toename van het tarief per hoofd , evenals op -US$140,1 miljoen als gevolg van de afname van de bevolking. De gemiddelde jaarlijkse groei van de investeringen in vaste activa is 0,11%. De minimumwaarde van de investeringen in vaste activa bedroeg US$477,0 miljoen in 1999. De maximumwaarde van de investeringen in vaste activa bedroeg US$2,3 miljard in 2019.

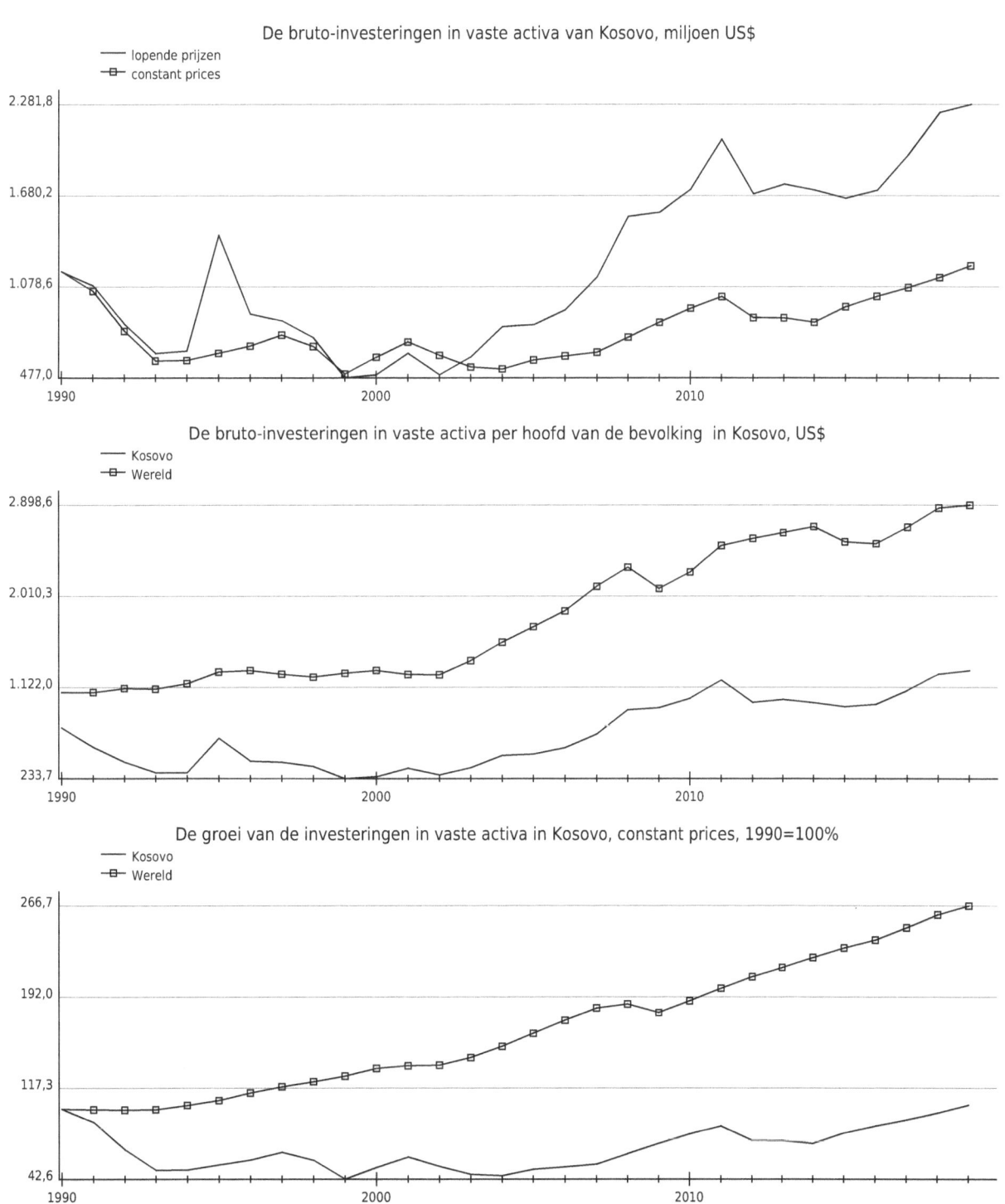

De bruto-investeringen in vaste activa van Kosovo, miljoen US$

De bruto-investeringen in vaste activa per hoofd van de bevolking in Kosovo, US$

De groei van de investeringen in vaste activa in Kosovo, constant prices, 1990=100%

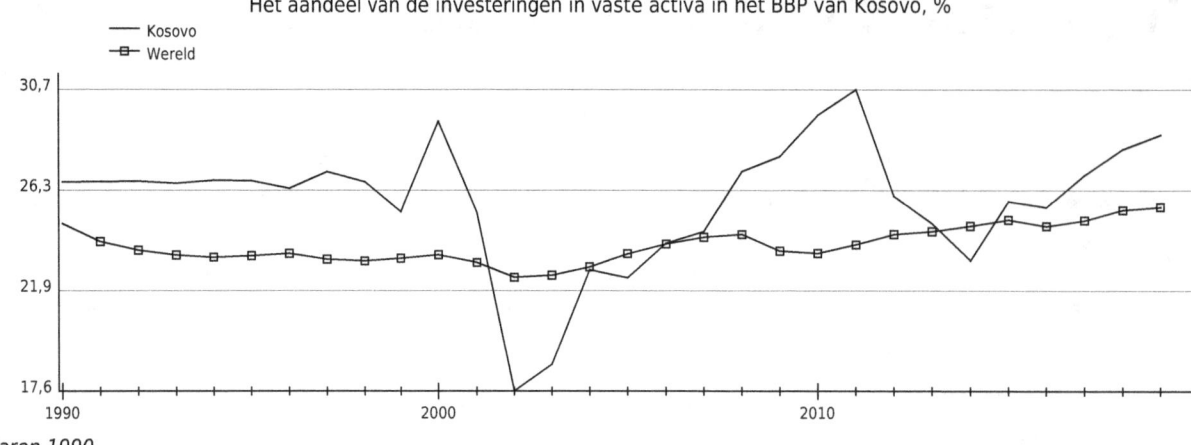

Het aandeel van de investeringen in vaste activa in het BBP van Kosovo, %

de jaren 1990

De investeringen in vaste activa van Kosovo bedroeg in de jaren 1990 US$878,0 miljoen per jaar, stond op de 120e plaats in de wereld, en was vergelijkbaar met Congo-Kinshasa (US$883,1 miljoen), Polynesië (US$886,6 miljoen), Irak (US$860,0 miljoen). Het aandeel in de wereld was 0,013%, en 0,041% in Europa.

Het aandeel van de investeringen in vaste activa in het BBP van Kosovo was 26,6% in de jaren 1990, stond op de 45e plaats in de wereld, en was vergelijkbaar met Paraguay (26,7%), Liechtenstein (26,7%), Congo-Brazzaville (26,5%).

De investeringen in vaste activa per hoofd in Kosovo was $419,0 in de jaren 1990s, stond op de 108e plaats in de wereld, en was vergelijkbaar met Namibië (US$416,8), Wit-Rusland (US$414,1), de Marshalleilanden (US$411,5). De investeringen in vaste activa per hoofd in Kosovo was in 2,8 keer lager dan de investeringen in vaste activa per hoofd van de bevolking in de wereld ($1.183,8), en was in 7,1 keer lager dan de investeringen in vaste activa per hoofd van de bevolking in Europa ($1.183,8).

De groei van de investeringen in vaste activa in Kosovo bedroeg -9.1% in de jaren 1990, stond op de 194e plaats in de wereld, en was vergelijkbaar met Cuba (-9,0%). De groei van de investeringen in vaste activa in Kosovo (-9,1%) was minder dan de groei van de investeringen in vaste activa in de wereld (2,8%), was minder dan de groei van de investeringen in vaste activa in Europa (0,024%).

Vergelijking met buren. De bruto-investeringen in vaste activa van Kosovo was groter dan in Noord-Macedonië (US$769,0 miljoen), in Albanië (US$447,1 miljoen) en in Montenegro (US$203,5 miljoen); maar minder dan in Servië (US$2,8 miljard). De investeringen in vaste activa per hoofd in Kosovo was groter dan in Noord-Macedonië (US$385,4), in Montenegro (US$329,5), in Servië (US$289,0) en in Albanië (US$141,0). De groei van de investeringen in vaste activa in Kosovo was minder dan in Noord-Macedonië (-3,5%), in Montenegro (-3,9%), in Albanië (-4,2%) en in Servië (-6,8%).

Vergelijking met leiders. De investeringen in vaste activa van Kosovo was minder dan in de Verenigde Staten (US$1,6 biljoen), in Japan (US$1,3 biljoen), in Duitsland (US$520,7 miljard), in Frankrijk (US$299,3 miljard) en in het Verenigd Koninkrijk (US$250,0 miljard). De investeringen in vaste activa per hoofd in Kosovo was minder dan in Japan (US$10,4 duizend), in Duitsland (US$6,5 duizend), in de Verenigde Staten (US$6,1 duizend), in Frankrijk (US$5,0 duizend) en in het Verenigd Koninkrijk (US$4,3 duizend). De groei van de investeringen in vaste activa in Kosovo was minder dan in de Verenigde Staten (4,8%), in Duitsland (2,4%), in het Verenigd Koninkrijk (1,7%), in Frankrijk (1,5%) en in Japan (0,18%).

de jaren 2000

De bruto-investeringen in vaste activa van Kosovo bedroeg in de jaren 2000 US$906,6 miljoen per jaar, stond op de 150e plaats in de wereld. Het aandeel in de wereld was 0,0082%, en 0,027% in Europa.

Het aandeel van de investeringen in vaste activa in het BBP van Kosovo was 24,2% in de jaren 2000, stond op de 85e plaats in de wereld, en was vergelijkbaar met Guyana (24,2%), Gabon (24,1%), Tsjaad (24,1%).

De bruto-investeringen in vaste activa per hoofd in Kosovo was $505,5 in de jaren 2000s, stond op de 133e plaats in de wereld, en was vergelijkbaar met Noord-Afrika (US$495,7). De investeringen in vaste activa per hoofd in Kosovo was in 3,3 keer lager dan de investeringen in vaste activa per hoofd van de bevolking in de wereld ($1.690,7), en was in 9,1 keer lager dan de investeringen in vaste activa per hoofd van de bevolking in Europa ($1.690,7).

De groei van de investeringen in vaste activa in Kosovo bedroeg 5.3% in de jaren 2000, stond op de 95e plaats in de wereld, en was vergelijkbaar met Estland (5,4%). De groei van de investeringen in vaste activa in Kosovo (5,3%) was groter dan de groei van de investeringen in vaste activa in de wereld (3,5%), was groter dan de groei van de investeringen in vaste activa in Europa (1,6%).

Vergelijking met buren. De bruto-investeringen in vaste activa van Kosovo was groter dan in Montenegro (US$637,8 miljoen); maar minder dan in Servië (US$5,8 miljard), in Albanië (US$2,7 miljard) en in Noord-Macedonië (US$1,4 miljard). De bruto-investeringen in vaste activa per hoofd in Kosovo was minder dan in Montenegro (US$1.034,1), in Albanië (US$892,9), in Servië (US$775,7) en in Noord-Macedonië (US$681,9). De groei van de investeringen in vaste activa in Kosovo was groter dan in Noord-Macedonië (4,2%); maar minder dan in Montenegro (12,5%), in Albanië (10,6%) en in Servië (10,2%).

Vergelijking met leiders. De investeringen in vaste activa van Kosovo was minder dan in de Verenigde Staten (US$2,8 biljoen), in Japan (US$1,2 biljoen), in China (US$1,0 biljoen), in Duitsland (US$557,7 miljard) en in Frankrijk (US$463,9 miljard). De bruto-investeringen in vaste activa per hoofd in Kosovo was minder dan in de Verenigde Staten (US$9,4 duizend), in Japan (US$9,0 duizend), in Frankrijk (US$7,4 duizend), in Duitsland (US$6,9 duizend) en in China (US$782,2). De groei van de investeringen in vaste activa in Kosovo was groter dan in Frankrijk (1,6%), in de Verenigde Staten (0,43%), in Duitsland (-0,56%) en in Japan (-2,0%); maar minder dan in China (13,4%).

de jaren 2010

De bruto-investeringen in vaste activa van Kosovo bedroeg in de jaren 2010 US$1,9 miljard per jaar, stond op de 151e plaats in de wereld. Het aandeel in de wereld was 0,0098%, en 0,044% in Europa.

Het aandeel van de investeringen in vaste activa in het BBP van Kosovo was 26,9% in de jaren 2010, stond op de 50e plaats in de wereld, en was vergelijkbaar met Vanuatu (27,0%), Djibouti (26,8%), de Bahama's (26,7%).

De bruto-investeringen in vaste activa per hoofd in Kosovo was $1.066,3 in de jaren 2010s, stond op de 126e plaats in de wereld, en was vergelijkbaar met Irak (US$1.079,3), Paraguay (US$1.086,9), Jamaica (US$1.088,8). De bruto-investeringen in vaste activa per hoofd in Kosovo was in 2,5 keer lager dan de investeringen in vaste activa per hoofd van de bevolking in de wereld ($2.621,1), en was in 5,4 keer lager dan de investeringen in vaste activa per hoofd van de bevolking in Europa ($2.621,1).

De groei van de investeringen in vaste activa in Kosovo bedroeg 3.7% in de jaren 2010, stond op de 92e plaats in de wereld. De groei van de investeringen in vaste activa in Kosovo (3,7%) was minder dan de groei van de investeringen in vaste activa in de wereld (4,1%), was groter dan de groei van de investeringen in vaste activa in Europa (2,2%).

Vergelijking met buren. De bruto-investeringen in vaste activa van Kosovo was 76,8% groter dan in Montenegro (US$1,1 miljard); maar 4,4 keer minder dan in Servië (US$8,3 miljard), 42,9% minder dan in Albanië (US$3,3 miljard) en 29,4% minder dan in Noord-Macedonië (US$2,7 miljard). De investeringen in vaste activa per hoofd in Kosovo was 37,1% minder dan in Montenegro (US$1.695,3), 16,7% minder dan in Noord-Macedonië (US$1.279,4), 9,0% minder dan in Servië (US$1.171,8) en 5,9% minder dan in Albanië (US$1.132,8). De groei van de investeringen in vaste activa in Kosovo was groter dan in Albanië (-0,80%); maar minder dan in Noord-Macedonië (5,4%), in Montenegro (5,1%) en in Servië (4,5%).

Vergelijking met leiders. De investeringen in vaste activa van Kosovo was 2.408,1 keer minder dan in China (US$4,5 biljoen), 1.916,3 keer minder dan in de Verenigde Staten (US$3,6 biljoen), 644,4 keer minder dan in Japan (US$1,2 biljoen), 400,7 keer minder dan in Duitsland (US$752,5 miljard) en 371,0 keer minder dan in India (US$696,8 miljard). De bruto-investeringen in vaste activa per hoofd in Kosovo was 99,2% groter dan in India (US$535,2); maar 10,6 keer minder dan in de Verenigde Staten (US$11,3 duizend), 8,9 keer minder dan in Japan (US$9,5 duizend), 8,6 keer minder dan in Duitsland (US$9,2 duizend) en 3,0 keer minder dan in China (US$3,2 duizend). De groei van de investeringen in vaste activa in Kosovo was groter dan in Duitsland (2,8%) en in Japan (1,8%); maar minder dan in China (8,0%), in India (5,8%) en in de Verenigde Staten (3,8%).